원서발췌
증여론

고전 명작을 읽는 가장 쉬운 길,
'지식을만드는지식 원서발췌'

축약, 해설, 리라이팅이 아닙니다. 원전의 핵심 내용을 문장 그대로 가져옵니다. 작품의 오리지낼리티를 가감 없이 느낄 수 있습니다.
두껍고 읽기 어려워 책장을 덮어 버리곤 했던 고전을 발췌합니다. 해당 작품을 연구한 전문가가 작품의 정수를 가려 뽑아냅니다. 핵심만 읽기 때문에 더 빠르게 더 많은 고전을 읽을 수 있습니다. 제외된 부분은 중간중간 친절하게 요약 설명합니다. 풍부한 해설과 주석으로 전체 내용을 파악하는 데 무리가 없습니다. 정확한 번역, 적절한 윤문으로 10대에서 80대까지 누구나 쉽게 읽을 수 있습니다. 콤팩트한 사이즈와 분량이므로 간편하게 휴대할 수 있습니다. 수천 쪽의 고전을 발췌된 내용으로 읽고도 전체 의미를 파악할 수 있는 것이 지식을만드는지식 원서발췌의 매직입니다. 발췌율은 표지에 표시하고 발췌 방법은 일러두기에 상세히 밝힙니다.
고전 독자를 발췌 읽기에서 완역 읽기로, 더 나아가 원전 읽기로 안내합니다. 바쁜 현대인들에게 새로운 고전읽기 방법을 제시합니다.

원서발췌
증여론

Essai sur le don:
Forme et raison de l'echange
dans les societes archaiques

마르셀 모스(Marcel Mauss) 지음
류정아 옮김

대한민국, 서울, 지식을만드는지식, 2025

편집자 일러두기

- 이 책은 1989년 PUF에서 출판한 《Sociologie et anthropologie》의 제3판을 저본으로 삼아 번역했습니다.
- 발췌된 내용은 전체 원문의 30% 정도에 해당하며, 본문의 원문을 축약적으로 요약한 것이 아니라 중요한 문장들을 발췌해 완역하는 형식을 취했습니다.
- 각주는 모두 지은이가 작성한 것이고 옮긴이가 작성한 것은 '옮긴이 주'로 표시되어 있습니다.
- 외래어 표기는 현행 한글어문규정의 외래어표기법을 따랐습니다.
- 이 책은 2008년 9월 15일 한정판 '고전천줄' 시리즈로 처음 출간했습니다. 2011년 11월 11일 표지를 바꿔 '천줄읽기' 시리즈로 다시 출간했다가 이번에 '원서발췌' 시리즈로 옮겨 출간합니다.

차례

제2장 증여 체계의 발전－후한 인심과 명예, 그리고 돈

제3장 고대의 법과 경제에서 보이는 증여 원칙들의 잔재

제4장 결론

서문

증여와 선물 답례 의무의 특별한 점

명구

다음 시구들은 스칸디나비아 지역의 고대시 《에다》의 시들 중 〈하바말(Havamál)〉에 나오는 몇 개의 절이다.

39
나는 지금까지 본 적이 없다.
'선물을 받지 않을' 만큼
손님을 대접하는 데 인심이 후하고 마음씨가 넓은
사람을
그리고 재산이 아무리 많아도 답례 받는 것을 불쾌
하게 여기는 사람을

41
무기와 옷으로
친구들은 서로 즐거워할 수 있다는 것을
(자신의 경험을 통해서) 각자 잘 알고 있다.
서로 선물에 답례하는 자들은
그 물건들이 좋은 모양새를 가진다면
언제나 변함없는 친구가 된다.

44

네가 믿는 친구가 있고,
또 좋은 결과를 얻고 싶다면,
마음과 마음을 함께하고
선물을 교환하며
아울러 그를 자주 방문해야 한다는 것을
알아야 한다.

46

네가 믿지 않고 있는 자나
그의 감정을 의심하는 친구에 대해서도
마찬가지다.
그에게 웃음을 지으면서
마음에 없는 말을 해야 하며,
받은 선물과 같은 것으로
답례하지 않으면 안 된다.

48

인심이 후하고 용감한 사람들은
최상의 삶을 살며,

어떤 두려움도 없다.

그러나 겁쟁이는 모든 것을 두려워하며,

인색한 사람은 항상 선물 걱정을 한다.

내용

몇 년 전부터 나는 원시적이고 고대적이라고 불리는 사회를 구성하는 다양한 계층들 또는 하위 집단들 간의 계약법 체계와 경제적 급부(給付) 체계에 동시에 관심을 집중해 왔다.

여기서는 아주 깊은 뜻을 가지고 있으면서도 별개로 떨어져 있는 자발성이 기지는 특징을 살펴보고자 한다. 이것은 겉으로는 자유롭고 무상(無償)인 것으로 보이면서도 강제적이며 이해관계가 복잡한 것이다. 이 급부는 거래가 따르는 행위 속에 허구, 허례, 사교적인 거짓말밖에 없을 때라도, 또한 깊은 곳에서는 의무와 경제적인 이해관계가 있을 때라도, 거의 언제나 아낌없이 제공되는 선물 모양을 띠고 있다.

이렇게 함으로써 우리는 두 개의 목적을 동시에 달성하게 될 것이다. 한편으로 우리는 우리를 둘러싸고 있거나 현대사회 바로 이전에 존재했던 사회에서 벌어지는 사람들 간의 거래의 성격과 관련해서 일종의 고고학적인 결론에 도달할 것이다. 나는 이들 사회에서 드러나는 교환과 계약의 현상에 대해서 설명할 것이다. 이들 사회는 경제적인 거래가 없었던 것이 아니라, 다만 그 교환 제도가 우리의 것과 다를 뿐이기 때문이다. 이곳에서는 상인 제도 이전의 거래 또는 그들의 주요 고안물인 화폐가 존재하기 이전에 행해지던 거래를 볼 수 있다. 계약과 판매라는 것과 근대적인 형태의 (셈족, 고대 그리스, 헬레니즘 시대, 로마 민족) 화폐라고 불리는 것이 발견되기 이전에 이들의 거래가 어떻게 기능했는지도 볼 수 있을 것이다. 나는 이러한 거래에서 작용하는 도덕과 경제를 검토할 것이다.

아울러 나는 이 도덕과 경제가 우리 사회에서 여전히 또한 지속적인 방식으로 기능하고 있다는 점을 확인할 것이기 때문에, 이것을 통해서 현대의 법과 경제의 위기가 제기하는 몇 가지 문제에 대해서 도덕적인 결론을 추론해내는 정도에서 멈출 것이다.

급부 : 증여와 포틀래치

우리는 폴리네시아인들을 연구하고자 한다. 여기서 독자들은 법과 경제에 관해 그들이 본질적인 상태와 얼마나 거리가 있는지를 알게 될 것이다.

현재 존재하는 경제와 법보다 앞서 있던 그들에게 있어서 개인 간의 거래는 단순한 재화, 부(富), 그리고 생산물이 교환되는 것만이 아니다. 서로 의무가 지어진 교환을 하며, 계약을 체결하는 것은 개인이 아니라 집단이다. 계약에 입회하는 자는 도덕적 인격체다. 즉 집단적으로 서로 마주 대하거나, 우두머리를 매개로, 또는 이 두 가지 방법을 동시에 쓰면서 충돌하고 대립하는 씨족 · 부족 · 친족인 것이다.

그들은 재화와 부, 동산과 부동산처럼 경제적으로 유용한 것만을 교환하는 것이 아니라 예의, 향연, 의식(儀式), 군사적인 봉사, 여자, 어린이, 춤, 축제, 장디 등도 교환한다. 여기서 거래는 여러 순간 중의 하나일 뿐이며, 재화의 순환은 보다 일반적이고 훨씬 더 영속적인 계약 항목 중 하나에 불과하다. 급부와 반대급부는 선물이나 선사품으로 상당히 자발적으로 이루어지지만, 이것이 제대로 이루어지지 않았을 경우에는 사적이거나 공적인 싸움을 감수해야 할 정도로 실제로는 엄격한 의무를 수행하는 것으로 간주된다. 이 모든 것을 전체적인 급부 체계(système de prestation totale)라고 부르고자 한다.

이러한 제도들 중에 가장 순수한 형태는 오스트레일리아나 북아메리카 부족들 간에 이루어지는 포족(胞族, phratrie) 동맹에서 나타난다. 그들의 의식, 결혼, 재산 상속, 권리와 이해관계의 연결, 군사적 · 종교적 지위 등과 같은 것들은 모두 상호 보완적이며 또한 부족에서 반족(半族)[1] 간의 협동을 전제로 하고 있다. 북서부 아메리카의 틀링깃족(Tlingit)과 하이다족(Haida)에서는 모두 이러한 특징적인 관습이 분명히 드러난다.

틀링깃족과 하이다족이 살고 있는 북서부 아메리카 지역 전체에서는 전체적인 급부의 전형적인 형태가 나타난다. 아메리카 학자들은, 밴쿠버에서 알래스카까지 흩어져 사는 백인과 인디언들이 일상적으로 사용하는 치누크(chinook)어에서 빌려와서 쓰는 포틀래치(potlach)라는 말을 사용할 것을 제안했다. '포틀래치'란 원래 '식사를 제공하다(nourrir)' 또는 '소비하다(consommer)'라는 뜻을

---

1) (옮긴이 주) 한 부족이 두 개의 집단으로 나뉘어져 있을 때 이들 각각을 반족이라고 하고, 이 반족은 보통 혼인이나 동맹의 단위가 된다.

가진 말이다.

이들 부족에서는 경쟁과 적대감이 모든 행위를 결정하는 원칙이라는 사실이 중요하다. 따라서 한편에서는 서로 마주치게 되는 추장과 귀족들이 싸우거나 죽이기까지 하며, 다른 한편으로는 협력자인 동시에 경쟁자인 추장(대개는 할아버지, 장인 또는 사위)을 압도하기 위해 쌓아놓은 재화를 아낌없이 파괴해 버리기도 한다.

전체적인 급부란, 씨족 자체가 그들이 소유하는 모든 것과 그들이 행하는 모든 것을 위해서 추장을 매개로 그 구성원 모두와 계약을 맺는다는 의미다. 그러나 이 급부는 추장에게는 상당히 투기적(鬪技的) 모습을 띨 수 있는 권한을 부여하기도 한다. 급부는 본질적으로 고리대적(高利貸的)이고 낭비적이며, 특히 귀족들이 나중에 자신들의 씨족이 누릴 위계 서열을 확보하기 위해 투쟁하는 장이 되기도 한다.

나는 이러한 종류의 제도를 포틀래치라고 부르고자 한다. 그러나 포틀래치보다 좀 더 길기는 하지만, 덜 위험하면서도 보다 정확한 표현으로 투기형의 전체적인 급부(prestation totale de type agonistique)라고도 부를 수 있다.

연구가 진행되면서 이제는 북서부 아메리카나 멜라네

시아와 같이 극심한 경쟁 및 부의 파괴로 특징지어지는 교환과, 계약 당사자들이 보다 온화하게 경쟁하면서 서로 선물을 가지고 겨루는 교환 사이에 무척이나 많은 중간적 형태가 있다는 것을 알게 되었다.

다양한 규칙과 관념과 연관된 주제들이 법과 경제적 유형 속에 포함되어 있다. 이 정신적인 메커니즘 중에서 가장 중요한 것은 선물을 받았으면 반드시 답례해야 한다는 점이다. 이러한 압력이 가지는 도덕적 · 종교적인 이유가 가장 분명히 드러나는 곳이 폴리네시아다.

제1장
교환된 증여와 답례의 의무(폴리네시아)

1. 전체적인 급부 :
남자 쪽의 재산과 여자 쪽의 재산(사모아 섬)

사모아 섬에서는 계약을 위해서 선물을 주고받는 것이 결혼 이외에도 넓은 분야에서 작동한다. 이렇게 선물을 하는 것은 아이의 출생, 할례, 질병, 여자 아이의 성년식, 장례식, 통상(通商) 등과 같은 사건들에서 수반되어 나타난다.

그 다음에는 이른바 포틀래치의 두 가지 본질적인 요소가 있다. 하나는 부가 주는 명예와 위세, 그리고 '마나(mana)'의 요소이고, 다른 하나는 답례하지 않으면 잃어버리게 되는 마나, 권위, 불가사의한 힘, 부의 원천 등을 지키기 위한 절대적인 답례 의무라는 요소다.

터너(Turner)는 다음과 같이 말한다. "출산을 기념하는 축제를 마친 후에, 남자 쪽의 재산인 올로아(oloa)와 여자 쪽의 재산인 통가(tonga)를 주고받았다고 해서 부부가 이전보다 더 부유해진 것은 아니다. 그러나 그들은 자식이 태어났을 때 많은 재물이 쌓인 것을 커다란 명예라고 생각하고 그것을 본 것에서 만족감을 느꼈다."

다른 한편으로 이러한 증여는 의무적이면서도 영속적

인 것이지만, 증여를 유도하는 권리 상태라는 것 이외의 다른 반대급부는 없다. 따라서 여자 형제와 처남이 양육하기 위해서 그녀의 남자 형제로부터 받는 아이를 통가, 즉 여자 쪽의 재산이라고 부른다. 그러나 "아이는 가족 간에 대대로 전해지는 재산인 통가가 한 가족에서 다른 가족으로 흘러가는 통로다. 따라서 아이의 부모에게 있어서 아이는 그 아이를 양자로 삼은 부모로부터 생소한 특성의 재산(oloa)을 획득하는 수단이 되는 것이다".

즉, 여자 쪽 재산인 아이는 여자 쪽 가족의 재산과 남자 쪽 가족의 재산을 교환하는 수단이다. 또한 아이는 그의 외삼촌 집에서 살며 그곳에서 생활할 권리가 분명히 있으며, 외삼촌의 재산에 대해 일반적인 권리를 갖는다. 그 결과 이 '수양 제도' 는 멜라네시아 지역에서 외삼촌의 재산에 대해서 그 여자 형제의 아들들이 가지는 일반적 권리와 매우 비슷하다는 것을 충분히 확인할 수 있다.

통가는 아내의 지참금 이외의 영구적인 재산, 특히 혼례 돗자리, 장식품, 호부(護符) 등을 가리킨다. 이러한 것들은 결국 일종의 부동산이다. 올로아는 남편의 것으로, 대부분의 경우 도구를 가리키며 본질적으로 동산(動産)이다. 현재 이 용어는 백인들로부터 받아들인 물건들에 해당된다. 이렇게 의미가 확장된 것은 최근의 일임이 분명하다.

관찰되는 부분들을 좀 더 확장하면, 통가의 의미는 더욱 넓어진다. 마오리어, 타히티어, 통가어 및 망가레바어에서 이것은 재산으로 간주되는 모든 것, 보상물(補償物)을 의미한다. 그것들은 특히 보물, 호부, 문장, 돗자리, 성상(聖像)이며, 때로는 전통, 제사, 주술 의식(呪術儀式)을 가리키기도 한다.

2. 주어진 물건의 영(마오리족)

'타옹가(taonga)'는 마오리족의 법과 종교상의 이론에서는 최소한 사람 · 씨족 · 토지와 긴밀한 관계를 맺고 있다. 왜냐하면 그것은 '마나', 즉 주술적이고 종교적이며 영적인 힘의 매개물이기 때문이다.

'하우(hau)', 즉 물건의 영(靈)에 대해서, 특히 숲과 그 속에 있는 사냥거리에 내재된 영에 대해서, 마오리족 정보제공자 중의 한 사람인 타마티 라나이피리(Tamati Ranaipiri)는 어떤 편견도 없이 아주 우연히 이 문제를 풀 수 있는 열쇠를 주었다.

"'하우'에 대해 말씀드리면… '하우'는 바람이 아닙니다. 예를 들어 당신이 어떤 특정한 물건(타옹가)을 갖고 있는데, 그것을 나에게 준다고 가정합시다.[2] 그런데 당신은 나로부터 어떠한 대가도 받지 않고 나에게 준다고 합시다. 우리는 그것을 사고파는 것이 아닙니다. 하지만 내가

---

2) '하우(hau)'라는 말은 라틴어 spiritus처럼 바람과 영혼을 동시에 가리키는 말이다. 좀 더 정확하게 말하면 무생물, 식물의 영혼과 힘을 가리키기도 한다. '마나'라는 말은 사람과 영혼과 관련해서 사용될 뿐이지 멜라네시아 언어에서처럼 사물에 적용되지는 않는다.

이 물건을 또 다른 제3자에게 주고 일정한 시간이 흐른 다음에 그가 나에게 그 물건에 대한 '대가(utu)'[3]로 무엇인가를 나에게 주려고 마음먹고는 나에게 선물(타옹가)을 합니다. 그런데 그가 나에게 주는 이 '타옹가'는 내가 당신한테서 받아서 그에게 넘겨준 '타옹가'의 영(하우)입니다. 나는 당신으로부터 '타옹가'를 받았기 때문에 내가 3자로부터 받은 '타옹가'를 당신에게 되돌려 주지 않으면 안 됩니다."

선물로 받거나 교환된 물건이 사람에게 의무를 지운다는 것은 받은 물건이 생명을 가지고 있다는 것이다. 증여자가 물건을 내버렸다 하더라도, 그 물건은 여전히 그에게 속한다. 증여자는 그 생명을 통해서 마치 증여자가 본래 그 물건을 소유하고 있을 때와 마찬가지로 그 물건을 가지고 있는 사람에게 영향을 미친다.[4] '하우'는 최초로 물건

---

3) '우투(utu)'는 피의 복수, 보상, 지불, 책임 이행 등을 나타내는 말이다. 또한 이 말은 대가의 값을 가리키기도 한다. 이것은 도덕, 법률, 종교, 경제 등이 복합된 개념이다.

4) 이러한 점을 증명하는 여러 사실들이 에르츠(R. Hertz)의 저서인 《죄와 속죄(Le Péché et l'Expiration)》의 여러 문장 중 하나에서 잘 드러나고 있다. 여기서 절도를 징벌하는 것은, 도난당한 물건에 대해서 소유자가 가지고 있는 힘이 단지 주술적이고 종교적으로 표현된 효과라는 것이고, 도난당한 물건은 영적인 힘인 '하우'로 가득 차 있어서 '터

을 준 사람은 물론 제3자를 쫓아다니기도 하고, 또한 단지 '타옹가'를 양도받기만 한 사람도 모두 쫓아다닌다.

이와 같은 사실을 통해서 폴리네시아와 폴리네시아 이외의 사회에서 나타나는 사회현상 체계를 설명하는 두 가지 측면을 알 수 있다. 첫째는 물건이 전달되면서 발생하는 법적 유대의 성질을 파악할 수 있다. 마오리의 법에서는, 물건 자체가 영을 갖고 있으며, 또 영으로부터 나오는 것이기 때문에, 물건으로 맺어진 법적 관계가 영들 간의 유대 관계를 형성한다는 것이 명백하다. 즉 여기서 누군가에게 물건을 주는 것은 자신의 일부를 주는 것이라는 점을 알 수 있다. 둘째, 우리는 '포틀래치'를 포함한 증여에 따른 교환인 전체적인 급부의 특징을 잘 이해할 수 있게 된다. 이러한 관념 체계에서 다른 사람에게 그의 본성 및 실체의 일부를 실제로 돌려주지 않으면 안 된다는 것을 분명하면서도 논리적으로 이해할 수 있다.

부'로 둘러싸이고 소유권이 표시되어 있음을 보여준다. '하우'가 도둑맞는 사람을 대신해서 복수를 해주고, 도둑에게 갑작스럽게 마술을 걸어 죽게 하거나 훔친 물건을 되돌려 주도록 한다.

3. 그 밖의 주제 :
주어야 하는 의무와 받아야 하는 의무

전체적인 급부는 받은 선물에 대해 답례를 해야 하는 의무를 포함하고 있다. 그러나 이러한 의무는, 선물을 주어야 하는 의무와 그것을 받아야 하는 의무라는 두 가지 의무도 전제로 하고 있다는 점을 상기해야 할 것이다. 이 세 가지 의무, 즉 동일한 복합체가 가지는 이 세 가지 주제에 대한 완벽한 설명을 통해서 폴리네시아 씨족들 간에 나타나는 계약 형태를 만족스러울 정도로 설명할 수 있을 것이다.

받아야 하는 의무와 관련된 사실들을 찾기는 쉽다. 씨족, 가구, 집단, 주인 등은 환대를 해야 할 것이고,[5] 선물을 받아야 할 것이고, 거래를 해야만 하고, 여자와 피를 통해서 동맹을 체결해야 하기 때문이다. 다야크족(Dayak)

---

5) 마오리족이 '타후의 경멸'이라는 것으로 표현하면서 분류하는 사실들의 체계를 연구한 것들이 여기에 속할 것이다. '타후'는 보통 음식물을 '상징적으로' 표현한 것이며, 그것을 의인화한 것이다. "타후를 경멸하지 말라"는 표현은 제공된 음식물을 거부한 사람을 말할 때 사용된다.

은 식사하는 것을 목격하거나 식사 준비를 하는 것을 보았을 때는 반드시 그것에 참여해야 한다는 의무에 대한 모든 법과 도덕적 체계를 발전시켰다.

주어야 하는 의무도 결코 덜 중요한 것이 아니다. 이를 통해서 사람들이 왜 서로 물건을 교환하는지를 이해할 수 있기 때문이다. 주는 것을 거부하는 것과[6] 초대하는 것을 소홀히 하는 것은, 받는 것을 거부하는 것과 마찬가지로, 전쟁을 선언하는 것과 같다. 그것은 연계 관계를 맺는 것과 교제하는 것을 거부하는 것이기 때문이다.

선물을 하는 것과 선물을 받을 권리와 의무에 대응해서 일련의 소비 행위를 하고 이에 대해 답례를 할 권리와 의무가 생기는 것이다. 그러나 이 대칭적이며 상호적인 권리와 의무의 긴밀한 혼합도 어느 정도는 영혼의 일부인 물건과, 어느 정도는 물건으로 취급되는 개인 및 집단 간의 영적인 유대의 혼합에서 기인한다는 점에서 볼 때 모순

---

6) 전쟁 춤에 초대하지 않는 것은 죄악이며 잘못된 것인데, 남쪽 지역의 섬에서는 이것을 '푸하(puha)'라고 말한다. 마오리족의 환대 의식에는 다음과 같은 것들이 포함된다. 즉 손님이 초대를 거절하면 안 되고 또한 간청해서도 안 된다. 초대받은 사람은 자기 주위를 쳐다보지 않고 곧바로 자신을 초대한 집으로 가야 한다. 주인은 초대한 사람을 위해서 바르게 식사 준비를 해야 하며, 손님은 공손하게 식사에 참가해야 한다. 또한 손님은 떠나기 전에 선물을 받는다.

적이라고 볼 수 없다.

즉, 음식, 여자, 아이, 재산, 호부(talismans), 토지, 노동, 봉사, 종교적인 봉헌, 위계(位階) 등은 모두 양도될 수 있고 또 답례 되는 물건이 되는 것이다.

4. 주목해 볼 점 :
인간에 대한 선물과 신에 대한 선물

시베리아 북동부의 모든 사회와 서부 알래스카에 사는 에스키모인들, 그리고 베링(Behring) 해협의 아시아 연안에 거주하는 에스키모인들에게 포틀래치는, 자신의 후함(générosité)을 경쟁하는 사람들뿐만 아니라 양도되고 소비되는 물건, 그리고 거래에 참가하고 관여하는 사람들이 지닌 이름의 원 소유자인 죽은 자들의 영혼과 자연에게까지도 영향을 미치는 행위이다.

선물이 교환되면 많은 부가 생기는 것으로 간주된다. 넬슨(Nelson)과 포터(Porter)는 이러한 축제와, 에스키모인들이 잡은 사냥거리, 고래, 물고기, 그리고 죽은 자들에 대한 축제의 효과를 훌륭하게 기술했다. 그것들이 영국의 전문 사냥꾼들이 표현하는 말로 '간청 축제(Asking Festival)' 또는 '초청 축제(Inviting in Festival)'라고 불린다. 이 축제들은 일반적으로 겨울 거주지에서만 연희되지는 않는다.

이러한 것들은 시베리아 북동부 끝에 거주하고 있는 척치족(Chukchee)과 코략족(Koryak)에서도 발견된다. 두 부족 모두 포틀래치를 행하고 있다. 그러나 이 연안(沿岸)에 살고 있는 척치족은 이웃의 아시아 에스키모(유이트, Yuit)와 마찬가지로 장기간에 걸친 '감사제(感謝祭, Thanksgiving Ceremony)' 기간 중에 증여와 선물의 교환을 의무를 수행하는 것이면서 동시에 자발적으로 행한다. 겨울 내내 각 가정은 차례대로 돌아가며 이 감사의 의식을 치른다.

사람들 사이의 계약과 교환, 그리고 인간과 신 사이의 계약과 교환의 관계는 공희(供犧) 이론의 모든 측면을 분명하게 설명한다. 특히 이러한 관계는, 계약이면서 동시에 경제적인 특성을 가진 의식이 사람들 간에 이루어진다. 이 사람들은 자신들 이름의 원 소유자인 정령들의 가면을 쓴 화신으로서 종종 샤먼이 있는, 또는 그러한 정령에 사로잡히는 사회, 즉 그들이 실제로 정령의 대리인으로 행동하는 사회에서 가장 잘 이해된다. 왜냐하면 그러한 경우 교환과 계약은 사람과 물건뿐만 아니라 그것들과 어느 정도 관련을 가지는 신성한 존재들도 끌어들이기 때문이다. 이것은 틀링깃족의 포틀래치, 하이다족의 두 가지 포틀래치 가운데 하나, 에스키모인들의 포틀래치의 경우에서 매우 명백하게 드러난다.

공희의 파괴는 바로 증여를 목적으로 하고 있는데, 이

증여에는 반드시 답례가 따른다. 아메리카 북서부와 아시아 북동부 포틀래치의 모든 형태에는 이 파괴라는 주제가 들어 있다. 사람들이 노예를 죽이거나 값비싼 기름을 태우고 또 바다에 동판(銅版)을 던지거나 호화로운 집을 불태우는 것은 단지 권력과 부, 그리고 무사무욕을 나타내기 위한 것만이 아니다. 그것은 또한 정령과 신에게 공희를 바치기 위한 것이기도 하다. 그런데 이들 정령과 신은 사실 그들과 같은 이름을 갖고 있으며 아울러 의식(儀式)을 통해 결연을 맺은 살아 있는 화신(化身), 즉 인간들과 구분이 안 되기도 한다.

그러나 인간의 도움을 더 이상 필요로 하지 않으며, 포틀래치 만큼이나 오래된 또 다른 것이 있다. 그것은 신으로부터 구입하지 않으면 안 되며 또한 신은 그 값을 보답할 줄 안다는 믿음이다.

말리노프스키(Malinowski)는 트로브리안드(Trobriand) 섬에도 똑같은 사실이 존재한다는 점을 지적했다. 뱀이나 참게의 시체에서 보이는 악령, 즉 '타우바우(taubau)'는 쿨라(Kula)의 교환에 사용되는 귀중품인 동시에 장식품 · 호부 · 재화인 바이구아(vaygu'a)를 바치면 예방된다. 이 증여는 타우바우의 정령에 대해서 즉각적인 효과를 보인다.

따라서 계약과 관련한 두 개의 엄숙한 문구, 즉 "네가 주는 만큼 나는 준다"라는 라틴어의 do ut des와 산스크리트어의 dadami se, dehi me라는 문구가 종교 경전을 통해서 보존되어 온 것이 순전히 우연한 결과는 아닐 것이다.

사회는 증여 및 재산의 도덕적 관념인 것[7]과 동시에 공희 관념의 소산이기도 하다. 후하게 주는 것이 의무다. 왜냐하면 네메시스(Nemesis)는 가난한 사람과 신을 위해, 행복과 부를 넘치도록 가지고 있으면서도 남에게 베풀지 않는 사람들에게 복수하기 때문이다. 그것은 과거에 증여해야 할 도덕이 정의의 원칙이 되었다는 것이다. 또한 이것은 신과 정령들이 자신들을 위해 남겨놓은 몫과 쓸데없는 공희 때 파괴되는 몫이 가난한 사람들과 아이들에게 주어지는 데 동의한다는 것이다.

폴리네시아에서는 완전한 형태의 포틀래치 제도가[8]

---

7) 마다가스카르 섬의 베치마사라카족에서는 다음과 같은 이야기가 전해진다. 두 추장 중 한 사람은 자신의 소유물을 모두 나누어주었으며, 다른 한 사람은 혼자 모든 것을 독차지했다. 신은 인심이 후한 추장에게는 재산을 주었으며, 인색한 추장은 파멸시켜 버렸다.

8) 현재의 폴리네시아 사회에서는 포틀래치가 존재하지 않지만, 폴리네시아인들이 이주하면서 합병되거나 다른 문명으로 대체되는 과정에서는 존재했을 수도 있다. 또는 폴리네시아인들 자체도 이주하기 이전에는 포틀래치를 가지고 있었을 수도 있다. 사실 포틀래치가 이 지역

발견되지 않는다 하더라도, 포틀래치를 구성하는 기본적인 요소들은 존재한다. 모든 경우에 있어서 교환-증여의 규칙이 적용된다. 그러나 이 규칙이라는 주제를 마오리족이나 또는 보다 엄밀하게 폴리네시아인에게만 발견된다고 말한다면, 이것은 단순히 현학적인 것 이상이 되지 못할 것이다. 주제를 바꿔보기로 하자. 답례의 의무가 더욱 넓은 범위에 퍼져 있었다는 것을 증명해 보기로 하자. 이것을 통해서 여타의 사회집단에서도 이 답례의 의무가 타당성을 가지고 있다는 것을 증명할 수 있을 것이다.

몇몇에서 사라진 데는 몇 가지 이유가 있다. 거의 대부분의 섬에서 씨족들이 분명히 위계화되어 있으며, 경우에 따라서는 군주제하에 집중되어 있기도 하기 때문이다. 이것은 포틀래치의 중요한 요건 중의 하나, 말하자면 추장들이 경쟁을 통해서 변경될 수도 있는 불확정적인 위계 서열이 존재하지 않기 때문이라는 것이다. 다른 어떤 섬보다도 마오리족에서 포틀래치의 흔적이 많이 발견된다면, 그것은 이 지역에 존재하던 추장제로 인해 씨족들이 각각 모두 경쟁자였기 때문이다.

제2장
증여 체계의 발전
―후한 인심과 명예, 그리고 돈

1. 후하게 주는 규칙 (안다만 제도)

선물은 혼인을 보증하는 것이며, 두 가족을 친족으로 만든다. 결혼이 이루어진 다음부터 선물은 양'쪽'에게 동일한 성격을 부여하며, 이러한 성격 규정은 최초의 약혼 체결부터 죽을 때까지 두 친족 집단이 서로를 방문하거나 말을 걸지 못하게 하는 금기를 지킬 것과 영속적으로 선물을 교환해야 하는 의무로 표현된다. 실제로 이 금기는 이러한 종류의 상호적인 채권자와 채무자의 관계를 규정하는 친밀감과 공포감 모두를 표현한다.

이러한 원칙들은 다음과 같은 사실들에서 증명된다. 친밀감과 소원함이 동시에 존재하는 것과 동일한 금기가, '거북 고기와 돼지고기를 먹는' 의식을 함께 경험했으며 평생 동안 서로 선물을 교환해야 하는 동일한 의무를 가진 젊은 남녀 사이에서도 동일하게 적용된다. 오스트레일리아에도 이와 유사한 사실들이 발견된다. 래드클리프브라운은 오랜 별거 후에 포옹을 하고 눈물겨운 인사를 하는 만남의 의식을 언급하면서, 선물 교환이 왜 이것과 동일한지, 그리고 감정과 인격이 그 속에 어느 정도로 혼합되어 있는지를 보여준다.

요컨대 이것은 여러 가지가 혼합된 것이다. 물건 속에 영혼을 섞고, 영혼 속에 물건을 섞으며, 생명과 생명을 섞는다. 결국 이로 인해 서로 섞인 인격과 물건은 각각 자신의 영역을 벗어나서 서로 혼합된다. 이것이 바로 계약과 교환인 것이다.

2. 선물 교환의 원인과 이유, 그리고 정도 (멜라네시아)

누벨칼레도니

린하트(Leenhardt)가 필루-필루(pilou-pilou)와 축제, 증여, 화폐를 포함한 갖가지 종류의 급부 체계를 기술하기 시작했는데, 그것들은 주저할 것도 없이 포틀래치라고 부를 수 있는 것들이다. 의전관이 격식을 갖춰서 하는 연설에 포함된 관행적인 말들이 가장 전형적인 것들이다. 따라서 마를 선물하는 의식에서 의전관은 다음과 같이 말한다. “우리가 이선에 위족(Wi)에서 보지 못한 어떤 필루(pilou)가 있다면… 이 마는 전에 그것과 비슷한 마가 그쪽에서 우리에게로 온 것처럼 그쪽으로 달려간다….” 즉 물건 자체가 되돌아오는 것이다.

트로브리안드

멜라네시아 지역의 한쪽 끝에서는 누벨칼레도니 도민

들에게서 발견되는 것과 유사한 체계가 고도로 발달되어 있다. 트로브리안드 제도의 주민들은 이들 종족 중에서도 가장 문명화된 종족에 속한다. 오늘날 그들은 부유한 진주 채집자이며, 또한 유럽인이 오기 전에는 도기(陶器), 조개 화폐, 돌도끼, 귀중품 등을 풍성하게 제작했다. 그들은 항상 훌륭한 교역자(交易者)이며 대담한 항해자였다.

쿨라(교역)는 거대한 포틀래치의 일종이다. 이것은 부족 간의 커다란 교역 매체로서 트로브리안드의 모든 섬, 당트르카스토(D'Entrecasteaux) 제도와 앰플렛(Amphlett) 제도 등에 부분적으로 퍼져 있다.

말리노프스키는 쿨라라는 말을 번역하지 않았지만, 원(圓, cercle)을 의미하는 것으로 보인다. 실제로 쿨라는 부족들, 바다 원정(遠征), 귀중품, 일용품, 음식물, 축제, 의례적이고 성적인 다양한 봉사, 남녀 등 모두가 마치 하나의 원을 이루면서 그 원의 주변을 따라 시 · 공간적으로 규칙적인 운동을 하는 것과 같다. 쿨라 교역(交易)은 귀족적이다. 그것은 추장(酋長)들을 위한 것인 듯하다. 쿨라 교역은 외견상으로는 전혀 사심 없이 겸손하게 귀족적인 태도로 행해진다.

쿨라는 상품의 단순한 경제적 교환인 김왈리(gimwali)와는 분명히 구분되어 설명된다. 즉 김왈리는 교환하는 두 당사자가 매우 집요하게 흥정한다는 점에서 쿨라와 구별된다. 이러한 흥정은 쿨라에서는 존재할 수 없는 절차다. 적당한 아량을 베풀면서 쿨라를 행하지 않는 자를 두고 쿨라를 "김왈리처럼 처리한다"고 말하기 때문이다. 적어도 겉으로 보기에 쿨라는, 북서부 아메리카의 포틀래치처럼, 주는 쪽과 받는 쪽으로 구성되며, 오늘 받는 사람은 다음번에는 주는 사람이 된다.

증여가 이루어지는 방식은 매우 엄숙한 형태를 띤다. 받은 물건은 무시당하거나 경계의 대상이 되기도 한다. 물건은 땅에 내던져진 후에야 받아들여진다. 증여자는 극도로 겸손한 태도를 취한다. 소라고둥 소리를 내며 엄숙하게 선물을 끌고 온 선물 증여자는 남은 것을 주는 것뿐이라고 변명하면서 경쟁자이자 선물 파트너인 사람의 발밑에 주어야 할 물건을 던진다. 그러는 동안 소라고둥이 울리고 의전관은 모든 사람에게 선물 인도(引渡)의 성대한 축제를 선언한다. 사람들은 후한 인심, 자유, 자율성, 아량이 넓다는 것을 보여주기 위해 전력을 다한다. 그러나 여기서 중요한 것은 의무의 메커니즘, 즉 선물을 통한 의무의 메커니즘이 작동한다는 점이다.

이 교환-증여(échanges-donations)에서 가장 중요한 교환 대상은 바이구아(vaygu'a)라는 화폐다.[9] 이것은 두 종류다. 그중의 하나인 음왈리(mwali)는 예쁘게 세공하고 연마한 조개껍질 팔찌인데, 그 소유주나 친척이 중요한 행사 때 착용한다. 또한 술라바(soulava)는 시나케타 지방의 숙련된 세공인이 예쁘고 붉은 국화조개(spondyle)의 자개에 가공한 목걸이다. 이것은 여자들이 점잔을 부리면서 목에 거는 물건이지만, 임종의 경우와 같이 예외적인 경우에는 남자들이 목에 걸기도 한다. 그러나 대부분의 경우는 이 두 개를 모두 모으며, 소유하고 있는 그 자체를 즐기기 위해서 간직하고 있다.

---

9) 말리노프스키는 화폐 개념이 교환 수단으로서뿐 아니라 가치 측정의 기준으로 사용된다는 점을 보여준다. 시멩(Simaiand)은 이런 종류의 사회에서 가치 개념을 사용하는 것을 반대한다. 이 두 학자의 견해는 자신들의 관점에서 볼 때는 옳다. 그러나 그들은 모두 화폐와 가치라는 말을 협의의 의미로 이해하고 있다. 그들의 생각을 받아들인다면, 화폐가 존재하는 경우에는 경제가치가 존재하며, 축적된 부와 부의 상징인 귀중품이 화폐로 만들어진 경우, 말하자면 개인이나 집단, 법인 등과는 어떤 관계도 없이 화폐가치가 지정되고 보편화되었을 경우에만 화폐가 존재하게 된다는 것이다. 여기서 문제는 화폐라는 말의 사용을 어디까지 한정해야 하는가 하는 점이다. 내가 생각하기에는 위의 두 사람이 정의하는 화폐는 현대적인 유형에만 적용된다고 본다. 금, 은, 동으로 화폐를 만든 사회 이전에는 동이나 조개, 귀금속이나 그 이외의 물건이 교환이나 지불수단으로 사용되었다. 현재 우리 사회의 많은 부분에서 이것이 실질적으로 기능하고 있으며, 우리가 설명하고자 하는 것도 바로 이것이다.

말리노프스키에 따르면 이 바이구아는 원(圓)적인 형태를 보이며 순환한다. 즉 팔찌인 음왈리는 서쪽에서 동쪽으로 일관되게 전해지며, 술라바는 항상 동쪽에서 서쪽으로 전달된다.

원칙적으로 부유함을 상징하는 이러한 물건들의 순환은 지속적이면서도 정확하게 이뤄진다. 이것들을 너무 오랫동안 간직해도 안 되며, 타인에게 넘겨주는 데 시간을 지체하거나 인색해서도 안 된다. 또한 그것들을 '팔찌 방향' 또는 '목걸이 방향'이라는 일정한 방향에 있는 특정한 상대방 이외의 다른 사람에게 주어서도 안 된다. 그것들을 한 쿨라에서 다음 쿨라까지 보관하지 않으면 안 되며 또한 그렇게 보관하는 것이 허용된다.

이것은 특별한 성격을 가지는 소유의 권리다. 그것은 현대인인 우리가 세심하게 구별하는 모든 종류의 법적 원칙을 포괄하고 있다고 볼 수 있다. 그것은 소유물, 점유물, 담보물, 차용물인 동시에 매매, 위탁, 위임, 신탁된 물건이다. 왜냐하면 그것은 다른 사람을 위해서 사용되거나 아니면 제3자, 즉 '멀리 떨어져 있는 파트너(murimuri)'에게 양도된다는 조건에서만 주어지기 때문이다. 이러한 것이 말리노프스키가 발견하고 관찰하고 기술한, 그야말로 전형적인 경제적 · 법적 · 도덕적 복합체다.

쿨라 순환에서 일어나는 바이구아의 교환은 물물교환에서 임금 지불에 이르기까지, 간청에서 간단한 예의에 이르기까지, 완벽한 환대에서 과묵함과 수줍음에 이르기까지, 대단히 다양한 교환 과정 속에 포함되어 있다.

첫째, 순수한 의식과 같이 진행되면서도 경쟁적인 성질을 지닌 성대한 대원정인 우발라쿠를 제외하면 모든 쿨라는 일반적인 교환이 일어나는 기회가 되는 김왈리인데, 이 교환이 반드시 정해진 파트너 간에 일어나는 것은 아니다. 보다 더 긴밀한 협력 관계를 맺은 사람 이외에 동맹을 맺은 부족들에 소속된 개인 간에도 자유로운 거래가 일어난다.

둘째, 쿨라 교환의 파트너들 간에는 사슬이 서로 이어져 있는 것과 같이 보조적인 선물의 증여 및 답례가 이뤄지고 이와 함께 의무적인 거래가 행해진다. 쿨라 교환 자체가 그러한 것들을 전제로 하고 있다. 쿨라 교환에 의해서 형성되고 또 그 교환이 일어나게 되는 요소이기도 한 협력 관계는 최초의 증여인 바가(vaga)로 시작되는데, 이것은 '간청의 증여'에 의해 간절히 요구되는 것이다.

이 선물의 중요성과 특성은 도착한 원정대의 구성원들 사이에 벌어지는 엄청난 경쟁에서 드러난다. 그들은 상대 부족에서 가능한 가장 좋은 파트너를 찾는다. 좋은 파트너를 선정하는 일은, 만들고자 하는 협력 관계가 당사자들 간에 일종의 씨족 관계를 형성하기 때문에 대단히 중요하다. 좋은 파트너를 얻기 위해서는 그를 유혹하고 황홀하게 해야 한다. 신분을 적절히 고려하면서, 다른 사람들보다 목적지에 먼저 또는 더 잘 도달해서 가장 부유한 사람들의 소유물일 수밖에 없는 것들을 교환할 기회를 더 많이 포착하지 않으면 안 된다. 경합, 경쟁, 과시, 위엄과 이익의 추구 등과 같은 것들이 그러한 행위의 동기를 구성하는 가장 기본적인 것들이다.

도착한 사람들이 가져오는 선물이 있고, 이에 보답하는 것으로서 동등한 가치를 지닌 증여물로서 출발하는 자들에게 주는 선물(시나케타 지방에서는 탈로리라고 부른다) 즉 작별 선물이 있다. 이것은 언제나 도착한 사람들의 선물보다 더 좋은 것이다. 이렇게 해서 급부와 그것을 넘어서서 되돌려 주는 반대급부의 순환 과정이 쿨라 교환에서 완성된다.

말리노프스키는 '해상의 쿨라'와 대조시켜 '내륙의 쿨라' 또는 '쿨라 공동체'라는 표현을 구분해서 사용하고 있다. 이러한 것들을 통해서 쿨라 교환의 우두머리는 교환할 물품을 마련한다. 이러한 경우를 포틀래치라고 불러도 무방할 것이다. 예를 들어 키리위나의 주민이 장례식 때문에 키타바 섬을 방문하는 것은 단지 바이구아만을 교환하기 위해서가 아니라 그 이상의 것들이 있다는 것이다. 여기에는 모의 공격(模擬攻擊), 음식물의 분배, 돼지와 마의 전시 등이 포함된다.

이 지역 내륙의 쿨라 체계와 나란히 존재하는 선물 교환의 체계는 트로브리안드 섬의 주민들의 경제적, 부족적, 정신적 생활 전체에 침투되어 있다. 말리노프스키는 그들의 생활은 그것에 "물들어 있다"고 아주 적절하게 표현하고 있다. 그들의 생활에서 '주고받기(donner et prendre)'는 끊임없이 이어지는 것이기 때문이다.

무엇보다도 중요한 형태가 두 가지 있다. 그중 하나는 쿨라 관계와 아주 유사한 와시(wasi) 관계다. 농경 부족과 어로 부족의 파트너들은 규칙적이면서도 의무적으로 교환을 한다. 농사를 짓는 사람은 물고기를 잡으며 사는 파트너의 집 앞에 자신이 생산한 것을 놓으러 간다. 다음 차례에서는 반대로 물고기를 잡으며 사는 사람이 먼 바다에서 물고기를 잡은 다음에 농사를 짓는 파트너의 집에 자신이 받은 것보다 더 많은 것을 주러 농경 마을로 간다.

또한 관심을 가질 말한 교환은 전시(展示)의 형태를 보인다. 이것을 사갈리(sagali)라고 부른다. 농산물의 수확, 추장의 오두막집 건축, 새 카누의 건조, 장례식 등과 같은 경우에 거대한 규모의 음식물이 분배된다. 경작, 대들보나 카누를 만드는 큰 나무통 운반, 죽은 사람의 씨족원들이 참여해 준 장례식 등에서 추장이나 그의 씨족원들에게 봉사를 해준 집안사람들에게 음식이 분배되는 것이다.

그 밖의 멜라네시아 사회

이미 포틀래치가 존재하고 있는 것으로 알려진 멜라네시아 최남단에 있는 피지 제도에서도 주목할 만한 제도로서 증여 체계가 발견된다. 케레-케레(kere-kere)라고 불리는 시기가 있는데, 이때에는 누구에겐가 뭔가를 주지 않으면 안 된다. 결혼할 때 쌍방 가족이 증여 교환을 하는 것이 그 예다. 또한 향유고래 이빨로 만든 피지 섬의 화폐도 트로브리안드 섬에서 사용하는 화폐와 똑같다. 그것은 탐부아(tambua)라고 불린다. 탐부아는 돌(이빨의 근원)과 부족의 장신구, 갖가지 '마스코트', 호부, '복을 가져다주는 것' 등으로 만들어진다.

뉴기니의 멜라네시아 사람들과 이들로부터 영향을 받은 파푸아의 몇몇 부족은 타우-타우(tau-tau)라는 이름을 가진 화폐를 가지고 있다. 이것은 트로브리안드의 화폐와 동일한 종류로 여기서도 마찬가지로 신앙의 대상이 된다.

3. 북서부 아메리카

명예와 신용

교환되는 물건은 교환 당사자와 완전히 분리될 수 없는 것이다. 교환물에 따라서 결정되는 영적 교류와 연계 관계는 여하간 해체되지 않는다. 실제로 사회적 삶을 상징하는 이러한 것은 고대적 형태의 분절 사회(分節社會)에 속하는 하위 집단들이 끊임없이 서로 밀접하게 얽혀 서로에게 빚지고 있음을 매우 직접적으로 표현하면서 인정하는 것이라 볼 수 있다.

아메리카 북서부 지역에 거주하는 인디언들도 동일한 제도를 가지고 있지만, 그곳에서는 그 제도가 더욱 극단적인 형태를 띠고 있다. 무엇보다도 이 지역에서는 물물교환이 없다. 유럽인들과 오랜 기간 접촉했지만, 이 지역에서 지속적으로 이루어지는 대부분의 부의 이동들은 포틀래치와 같은 의식적 형태로 진행되고 있다. 이제 이 제도를 우리의 관점에서 기술해 보자.

우리가 지금부터 말할 부족과 종족, 또는 부족 집단들은 모두 아메리카 북서부 해안에 거주하고 있다. 알래스카 해안에는 틀링깃족과 하이다족이 거주하고 있으며, 브리티시 컬럼비아 해안에는 하이다족, 침시아족(Tsimshian), 콰키우틀족(Kwakiutl)이 산다.

그들은 사냥보다는 바다나 강에서 물고기 잡이를 하며, 멜라네시아인이나 폴리네시아인들처럼 농사를 짓지는 않는다. 그들은 대단히 부유하게 살고 있으며, 오늘날에도 그들의 어장(漁場), 사냥터, 모피는 유럽인들 방식의 이익률로 계산해도 상당한 잉여 재화를 남겨준다. 그들의 물질문화 수준은 매우 높다. 특히 철(鐵)이 전래되기 이전인 18세기에도 그들은 침시아족과 틀링깃족이 거주하는 지역에서 산출되는 천연 구리를 채취하고, 용해하고, 주조하고 두드리는 방법을 알고 있었다. 이 구리 중 일부는 문장(紋章)이 그려진 방패 모양으로 만들어져 화폐처럼 쓰였다.

그들의 파이프, 망치, 지팡이, 조각으로 장식된 뿔 숟가락 등은 민족지학적으로 자랑스러운 수집물에 속하는 것들이다. 그들의 문명은 전체적으로 매우 넓은 지역에 퍼져 있음에도 불구하고 대단히 놀라울 정도로 동일한 모습을 보인다. 아주 남쪽에 사는 부족 사람들의 겨울 동안의 삶의 방식은 여름에 사는 방식과 상당히 다르다. 이 부족들은 이중적인 사회형태를 보이기 때문이다. 그들은 봄이 지나면 사방으로 흩어져서 사냥하고, 산의 나무뿌리와 과즙이 많은 장과(漿果)를 따며, 강에서 연어 낚시를 하며 생활한다. 겨울이 되면 그들은 '도회지(ville)'라고 부르는 곳에 모인다. 이렇게 집단적으로 모이는 기간에 그들은 시종 흥분 상태에 들어가게 된다.

부족과 부족, 씨족과 씨족, 가족과 가족이 지속적으로 상호 방문한다. 이것은 축제가 계속 반복된다는 것을 말하는 것인데, 각각의 축제가 대단히 긴 기간에 진행되는 경우도 발견되곤 한다. 결혼식, 다양한 의식, 승진식(昇進式) 등이 치러질 때면, 사람들은 여름에서 가을까지 물고기가 가장 잘 잡히는 해안에서 열심히 잡아 모아두었던 것 모두를 아낌없이 쓴다.

이곳에 거주하는 부족들은 모계제 포족제도(틀링깃족 · 하이다족)부터 콰키우틀족의 완화된 형태의 부계제 씨족에 이르기까지 다양한 친족 구조를 보이고 있지만, 정신문명의 모습은 대단히 유사하다. 사회조직 중 특히 토테미즘의 특성은 모든 부족에 거의 동일하게 나타난다.

멜라네시아의 경우와 동일하게 증여와 반대급부는 부분적으로 집단 내에서 연속적으로 지위와 승진을 해나가는 데 활용된다. 결사체들과 씨족들의 의식은 추장의 결혼식, '동판(銅版) 판매', 입문식, 샤머니즘적인 의식, 장례식 등에 이어서 거행된다. 그중에서도 장례식은 하이디족과 틀링깃족에서 더욱 성대하게 치러진다. 이 모든 것들은 끝없이 되풀이되면서 이어지는 '포틀래치' 과정 중에 진행된다. 모든 것이 포틀래치가 치러지는 의미가 될 수 있고, 이것은 또한 모든 다양한 의미의 또 다른 포틀래치를 치름으로써 답례 되는 것이다. 멜라네시아에서와 마찬가지로, 그것은 끊임없이 '주고받는 것(give and take)'이기 때문이다.

이미 본 바와 같이 멜라네시아와 폴리네시아에서 선물이 순환될 때 행해지는 답례는, 주어지는 물건이 가진 힘이 '확실성'을 가지고 있어야 하고, 주어지는 물건 자체가 그 '확실함'의 표현이다. 어떤 사회에서나 주어진 기한 내에 답례의 의무를 수행하는 것이 당연한 것으로 여겨지고 있다. 본래 공동 식사, 카와주(酒)의 분배, 몸에 지니는 호부는 즉시 답례할 수 없는 것이다. 반대급부를 하기 위해서는 '시간'이 필요하다. 따라서 방문, 혼인, 동맹, 평화협정, 정기적인 경기와 시합 참가, 향응 교환, 의례적이며 경의를 표하는 봉사의 제공, 서로 '존경을 나타내는' 것에 관한 경우에는 기간의 개념이 논리적으로 포함될 수밖에 없다. 이렇듯 사회가 부유해짐에 따라 교환되는 물건들의 수가 점점 더 많아지고, 보다 더 값비싼 것들이 교환된다.

현재 이와 관련된 경제사와 법제사(法制史)는 상당히 많은 부분에서 설명을 제대로 못하고 있다. 예를 들어 퀴크(Cuq)는 “원시사회에서는 물물교환 제도만 있다. 더욱 진보한 사회에서 현금 판매를 한다. 신용판매는 고도의 문명 단계의 특징이다. 신용판매는 우선 현금 판매와 대여를 조합한 우회적인 형태로 나타난다”고 말했다. 그러나 사실 출발점이 다르다는 것이 중요하다. 그것은 법학자나 경제학자가 대수롭지 않게 생각하고 있는 당위성의 범주에서 발견된다. 그것은 특히 가장 오래된 형태의 증여, 즉 이들이 다루고 있지 않은 전체적인 급부 형태의 복합적인 현상인 증여에서 볼 수 있다.

증여는 필연적으로 신용이라는 개념을 만들어낸다. 경제가 발전하면서 물물교환을 하는 것에서 판매하는 것으로, 현금 거래에서 신용거래로 이행한 것은 아니다. 증여하고 일정한 기간이 지난 후에 답례하는 급부 체계를 기초로 해서, 한편으로는 낡이 흘러가 비린 시간을 서로 가깝게 연결시키고 단순화시키면서 물물교환이 이루어졌고, 또 다른 한편으로는 현금과 신용을 통한 매매와 대여가 이루어진 것이다.

단체와 씨족 안에서 차지하는 개인의 정치적인 지위와 다양한 종류의 위계는 전쟁, 운(運), 상속, 동맹, 결혼 등의 경우와 같이 '재산 전쟁'으로 얻을 수 있다. 이 모든 것은 '부의 투쟁(lutte de richesse)'과 같은 것으로 간주된다. 아이들의 결혼과 집단 내에서의 지위는 교환되고 답례 되는 포틀래치 기간에 결정된다. 또한 그 지위는 전쟁, 도박, 경주, 투기(鬪技)에서 잃어버릴 수 있는 것처럼 포틀래치에서 잃어버리기도 한다.

간혹 주거나 답례하는 것만이 아니라, 답례 받기를 원하지 않는다는 뜻을 표현하기 위해서 간단하게 물건을 파괴해 버리기도 한다. 생선 기름이나 고래 기름통을 완전히 태워버리고 집과 수천 장의 담요를 태워버리기도 한다. 또 상대방을 제압해 '끽 소리 못하게 만들기' 위해서 가장 값비싼 동판을 파괴하거나 물속에 던져버리기도 한다. 이렇게 하면 자신의 사회적 지위가 올라갈 뿐만 아니라 가족의 사회적 지위도 올라간다. 따라서 이러한 종류의 법과 경제 체계에서는 막대한 양의 재화가 끊임없이 소비되고 전달되는 것이다. 그렇지만 이것이 다른 생각, 즉 직접적인 이득을 얻어내기 위한 것이라면, 상당한 경멸의 대상이 되는 것은 분명하다.

명예 관념도 주술 관념과 마찬가지로 폴리네시아 문명과 긴밀한 관계가 있다. 폴리네시아의 마나도 존재하는 각각의 실체가 가진 주술적인 힘뿐만 아니라 그것이 가진 명예를 상징한다. 또한 마나라는 말을 가장 잘 번역한 말로 권위, 부 등이 있다. 틀링깃족과 하이다족에는 포틀래치를 행하면서 서로에 대해 봉사를 하고 명예를 지키는 것으로 생각한다. 오스트레일리아의 부족들에서 드러나는 것처럼 실제로 원시적인 부족들에서도 명예 문제는 우리 사회에서와 같이 민감한 문제로서, 그것은 선물뿐만 아니라 급부, 음식물 제공, 높은 자리를 차지하기, 의례 등으로 충족된다. 인간은 서명하는 것을 알기 훨씬 전에 자신의 명예와 이름을 거는 방법을 알고 있었던 것이다.

이와 같이 포틀래치는 법률적인 현상 그 이상의 것이다. 그것은 우리가 '전체적'이라고 부르기로 한 현상의 하나이기 때문이다. 그것은 종교적이고 신화적이며, 샤머니즘적인 현상이다. 포틀래치를 주재하는 추장은 그곳에서 그들의 조상과 신을 대표하며 그 화신이 되기도 하기 때문이다. 포틀래치는 경제적인 현상이다. 따라서 현재 유럽의 통화가치로 계산하고자 한다면, 엄청난 규모의 거래 가격, 중요성, 원인, 결과 등을 평가하지 않으면 안 된다.

포틀래치는 또한 사회형태학적인 현상의 하나로 볼 수도 있다. 부족 · 씨족 · 가족적인 집단, 심지어는 종족적 집단도 포틀래치에서 초조해하고 흥분하는 현상을 두드러지게 드러낸다. 사람들은 형제처럼 친교를 맺기도 하면서 동시에 이방인의 상태로 남기도 한다. 대규모로 교역을 하고 끊임없이 시합을 벌이면서 서로 친하게 지내면서도 서로 대립하기도 한다. 우리는 대단히 다양한 심미적 현상으로 넘어간다.

마지막으로 법적인 관점에서도, 이미 계약의 형태로부터 끌어낸 것, 계약의 인적(人的) 요소라고 부를 수 있는 것, 그리고 계약 당사자의 법적 지위(씨족 · 가족 · 위계 · 혼례와 관련된) 이외에 다음과 같은 것들을 추가할 수 있다. 즉 계약의 물적 대상, 다시 말해 그곳에서 교환되는 물건도 역시 그 물건을 주고, 또 받은 물건에 답례하게 하는 특별한 효력을 갖고 있다는 것을 강조해야 할 것이다.

세 가지 의무 : 주기, 받기, 답례하기

주어야 하는 의무를 수행하는 것은 포틀래치의 본질이다. 추장은 자기 스스로를 위해서, 자신의 아들이나 사위와 딸을 위해서, 또는 죽은 자들을 위해서 포틀래치를 베풀지 않으면 안 된다. 그는 자신의 재산을 소비하고 분배해 다른 사람들의 자존심을 꺾어 '자신의 명성의 그림자'로 덮어버릴 때에만 자신의 부를 증명할 수 있다.

콰키우틀족과 하이다족의 귀족도 중국의 문인이나 관리들과 같이 '체면(face)'의 개념을 지니고 있다. 포틀래치를 베풀지 않은 대(大)추장 신화에는 '썩은 얼굴'을 가졌던 추장이 있다고 전해진다. 북서부 아메리카에서 위세를 잃어버리는 것은 바로 영혼을 잃어버리는 것이기 때문이다. 이 영혼이란 진정한 '얼굴'이며, 춤의 가면과 같이 정령을 구현하고 문장이나 토템을 지닐 권리를 가지는 것이면서도, 언제든지 포틀래치에서 다 잃을 수도 있는 인격체가 된다.

이들 사회는 누구나 주려고 안달한다. 추장에게서 또는 가신(家臣)에게서, 아니면 친척에게서 받은 것이건 어떤 것이든지 받은 봉사에 대해서 선물로써 감사의 표시를 하지 않아도 될 정도로 하찮은 것은 없다. 이러한 의무를 이행하지 않았을 경우에는 귀족은 최소한의 예의에 어긋나는 짓을 한 것으로 간주되거나 지위를 잃어버리기도 한다. 재화의 분배인 포틀래치는 군사적, 법적, 경제적, 종교적으로 '잘 알고 있음'을 표현하는 가장 기본적인 행위다.

받아야 하는 의무도 주어야 하는 의무만큼이나 강제적이다. 증여하기를 거부하거나 포틀래치를 이행하지 않을 권리는 없다. 그렇게 행동하는 것은 답례해야 할 것을 걱정하는 것이며, 또한 답례하지 않으면 '코가 납작해질 것'

을 두려워하는 것이다. 실제로 이때는 이미 '코가 납작해진' 후다. 이것은 자신의 이름이 가진 '권위를 상실하는' 것이며 자기가 먼저 졌다는 것을 자백하는 것이거나, 아니면 반대로 경우에 따라서 자신이 승리자이며 무적이라고 선언하는 것과 같다.

사람들이 도전을 받아들인다는 것은 물건이나 축연으로부터 얻게 될 이득보다 더 많은 것을 수행한다는 것을 말한다. 어떤 물건이나 환대를 받을 수 있었다는 것은, 그것에 대해서 답례할 확신이 있으며, 자신도 받은 것 못지않게 더 줄 수 있음을 증명할 자신이 있기 때문이다.

포틀래치가 순전히 파괴하는 것으로만 구성되는 것이 아니라면, 답례의 의무가 포틀래치의 전부라고 볼 수 있다. 파괴 자체는 정령에게 바쳐진 공희로서 정령에게 축복을 내려주는 것인데, 씨족 내 상위의 추장이나 이미 상위로 인정받고 있는 씨족의 추장이 이러한 파괴를 행한다면, 이것에 대해 반드시 답례를 해야 할 필요는 없다. 그러나 대개의 경우 포틀래치는 언제나 받은 것보다 더 성대한 포틀래치로 답례하지 않으면 안 되며, 또 선물도 받은 것보다 더 많은 것으로 답례하지 않으면 안 된다. 그 비율은 일반적으로 1년에 30퍼센트에서 100퍼센트 정도까지 증가한다. 상당한 정도로 답례를 하는 의무는 절대적이다.

답례하지 않거나 동일한 가치를 지닌 물건을 파괴하지 않는다면 영원히 '체면'을 잃어버리게 될 것이기 때문이다.

물건의 힘

분석을 좀 더 해보면, 포틀래치에서 교환되는 물건 속에는 선물이 순환되지 않을 수 없게 하는 효력, 즉 선물을 주게 하고 또 그것에 답례하지 않을 수 없게 하는 효력이 있다는 것을 알 수 있게 된다. 그들은 평범하게 소비하고 분배하는 물건을 가지고 있는가 하면(이것들이 교환된 흔적을 찾지 못했다), 호부, 문장이 그려진 동판, 동물 가죽으로 만든 담요, 문장을 넣은 직물 등과 같이 가족이 소유하고 있는 귀중품도 가지고 있다. 이 후자의 범주에 들어가는 물건들은, 결혼식 때 여자가 격식을 갖추어 인도되고, '특권'이 사위에게 주어지며, 또한 이름과 호위병이 아이들과 사위들에게 주어질 때처럼, 격식을 갖추어 전달된다. 그것들은 판매나 양도의 대상이라기보다는 오히려 대여를 해주는 대상이 된다. 실제로 그 '소유물들'은 가족이 무척 망설인 끝에 버리게 되는 것이거나 때로는 절대 버리지 않는 성물(聖物, sacra)이다.

실제로 하이다족은 고대인들처럼 재산과 부의 개념을 신성시했다. 아메리카 대륙에서는 상당히 드물기는 하지만, 신화적이고 종교적인 노력을 통해 그들은 '재산녀(財産女, Property Woman)'와 같은 추상개념을 구체화하는 데 성공했다. 그들에게 그녀는 바로 주요한 포족인 독수리 포족의 어머니로 시조 여신(始祖女神)이다.

이 귀중한 재물 전체가 조상으로부터 물려받은 주술적인 성격을 가진 물건들이다. 따라서 그것들은 종종 그것들을 증여하는 자, 그것들을 수령하는 자, 그리고 이 호부를 씨족에게 준 정령이나 이 정령한테서 그것들을 받은 씨족의 시조 영웅(始祖英雄)과 동일시된다. 이렇듯 모든 부족에게 그 사물들 모두는 언제나 영적인 기원과 성질을 지니고 있는 것이다.

이 귀중한 재화와 부를 상징하는 것들은 각각—트로브리안드 섬에서와 마찬가지로—개별성, 이름, 특성, 권한 등을 가지고 있다. 큰 아발론(abalone) 껍질, 그것으로 감싼 방패, 그것으로 장식한 허리띠와 담요, 문장이 들어가 있고 동물과 인간의 얼굴과 눈의 모습을 수놓아 직조한 덮개 등은 모두 각각 개별적인 특성을 가지고 있다.

집, 대들보, 장식된 벽은 그 자체가 살아 있는 존재다. 지붕, 불, 조각, 그림 등 모든 것이 말을 한다. 왜냐하면 주술적인 집은 추장이나 그의 부하들 또는 대항하고 있는 포족의 성원들뿐만이 아니라 신과 조상들도 세우기 때문이다. 집이야말로 정령과 젊은 입문자들을 받아들이는 동시에 토해내는 곳이다.

더욱이 이 귀중한 재물들 각각은 그 속에 생산적인 효력을 지니고 있다. 그것은 생명과 부의 표시이자 증거일 뿐만 아니라 지위와 풍요의 주술적이고 종교적인 원리이기도 하다.

명예 화폐

분상이 새겨진 동판은 포틀래치에서 가장 기본적인 재화이면서 동시에 중요한 믿음이나 숭배의 대상이 되기도 한다. 이 지역의 모든 부족들은 동판에이 생명이 있다고 보고 이를 숭배하고 이와 관련된 신화를 가지고 있다.

씨족 추장의 가족이 가지고 있는 주요한 동판은 포틀래치가 순환되는 과정에서 온전한 의미의 주술적, 경제적, 영속적인 이름과 개별성, 그리고 고유한 가치를 가지고 있는데, 이 가치는 동판의 일부나 전체가 파괴되어도 지속된다. 게다가 동판은 마치 재화가 재화를 끌어당기고, 위엄이 명예와 정령을 소유하고 만족스러운 동맹을 가져오는 것처럼 다른 동판들을 부르고 끌어당기는 힘을 가지고 있다. 이처럼 동판은 살아서 자율적인 운동을 하고 있으며, 다른 동판들을 끌어당긴다.

콰키우틀족에서는 이러한 동판 중의 하나를 '동판을 끌어오는 것'이라고 부르는데, 이 관용구는 동판 소유자의 이름이 '나에게로 흐르는 재산'이라는 것과 동판들이 어떻게 해서 그의 주변으로 모이는가를 설명하고 있다. 동판에 종종 붙여지는 또 하나의 이름은 '재산을 가져다주는 것'이다.

동판은 집안에서 소유하고 있는 '평평하게 생긴 신성한 물건'이다. 종종 신화는 동판을 주는 정령, 동판의 소유자, 동판 자체 이 모두를 동일시하고 있다. 동판은 말을 하며 투덜거리며, 제공되고 파괴되기를 바란다.

다른 한편으로 중요한 것은, 재화뿐만이 아니라 부와 행운이 같이 전달된다는 것이다. 새로 입문식을 거친 자에게 정령과 보조적인 정령이 동판과 호부를 소유할 수 있게 해주며, 이 동판과 호부는 그 자체가 다른 동판, 더 많은 부, 더 높은 지위 및 그 밖의 정령을 획득하는 수단이 된다.

사람들은 그것들을 통해서 지위를 획득한다. 왜냐하면 부를 획득하면서 정령을 획득할 수 있게 되기 때문이다. 이 정령이 이번에 다시 그에게 옮겨 붙어서 그로 하여금 여러 장애를 극복하는 영웅이 될 수 있게 한다. 그러면 이 영웅은 샤머니즘적인 몽환 상태, 의례적인 춤, 통치력으로 보답한다.

재화의 순환은 남자, 여자, 아이, 축제, 의식, 의례, 춤의 순환, 심지어는 농담과 비방의 순환에도 뒤따른다. 물건을 주고 이에 대해 답례하는 것은 바로 서로 '존경'을 주고받는 것이기 때문이다. 뿐만 아니라, 물건을 주면서 그 자신을 주는데, 그것은 자신이 다른 사람들의 '은혜를 입고 있기' 때문이다.

우리는 이 교환-증여의 원칙이, '전체적인 급부'를 행하는 단계를 넘어섰지만, 전적으로 개인적인 계약이 이루어지고 일정한 무게를 가진 특성한 화폐로 돌아가는 시장에는 아직 도달하지 않은 사회의 원칙이었음을 알 수 있다.

제3장
고대의 법과 경제에서 보이는 증여 원칙들의 잔재

1. 사람에 관한 권리와 물권 (아주 오래전의 로마법)

이들 원시사회의 사회규범을, 역사에 출현하기 이전 시대의 로마법과, 역사시대에 등장한 게르만법과 비교해 보면, 사람에 관한 권리와 물건에 관한 권리를 분명히 이해할 수 있다. 특히 이를 통해서 법제사에서 가장 논란이 되어왔던 것의 하나인 넥숨 이론에 다시 문제 제기를 할 수 있을 것이다.

먼저, 보충적인 담보와 특히 게르만법의 바디움(상징계약)은 담보물을 교환하는 것 이상이며, 때로는 주술적 영향력을 가할 수도 있는 생명의 담보 그 이상이 되기도 한다. 담보로 제공되는 물건은 본래 실질적인 가치가 없다. 그것은 물건이기는 하지만, 생명을 가진 물건이다. 특히 그것은 상호성에 기초하는 고대의 의무적인 증여제의 잔재다.

보충적인 담보의 교환은, 영혼 및 그 영혼과 합쳐진 물건이 이처럼 오고가는 것을 가상적으로 표현하고 있다. 법적인 '구속'인 넥숨은 사람한테서 뿐만 아니라 물건으로부터도 나오는 것이다. 교환하는 형식 자체도 물건의 중요성을 증명한다. 고대 로마의 시민법에서는, 본래 노예나 가축으로 구성되다가 나중에 부동산이 주가 되는 재산의 인도(引渡)가 결코 간단하게 비종교적이고 일반적인 방식으로 행해진 적이 없었다. 인도는 늘 엄숙하며 상호 호혜적이다. 게다가 인도는 집단적으로 행해진다. 즉 그것은 '무게를 다는 사람' 말고도 적어도 다섯 명의 증인이나 친구들이 보는 앞에서 이루어졌다. 물론 로마법의 가장 오래된 계약 형태인 넥숨은 이미 집단계약의 기조(基調)에서 벗어났으며, 또한 구속력을 가지는 고대 증여 제도와도 거리가 있다.

물건들 속에는 법률적인 형식에 따른 말과 태도가 연결되어 있는 것처럼 주술적이고 종교적인 유대 관계가 존재한다. 이 유대 관계는 라틴계 민족과 이탈리아 민족들에게서 발견되는 매우 오래된 법률 용어들에서도 발견된다. 이들 용어 가운데 몇 개의 어원은 이러한 의미를 가지고 있는 것으로 생각된다.

본래, 물건 자체가 인격과 효험을 갖고 있었다는 것은 의심할 바 없다.

물건은 유스티니아누스법과 현대의 법에서 말하는 것처럼 생명이 없는 존재가 아니다. 우선 물건은 가족의 일부를 구성하는 것이다. 즉 로마의 가족(familia)은 사람들뿐만 아니라 물건(res)도 포함한다. 이러한 정의는 《유스티니아누스 법전(Digeste)》에도 있다. 고대로 올라가면 올라갈수록 파밀리아(familia)라는 말의 의미가 그것에 속해 있는 레스(res)를 나타내고, 심지어는 가족의 음식물과 생계 수단까지도 가리킨다는 사실은 매우 주목할 만하다. 파밀리아라는 말의 어원 연구로서 가장 훌륭한 것은, 그것을 산스크리트의 다만(dhaman), 즉 집과 관련시켜서 연구하는 것이라는 사실은 의심할 필요가 없다.

더욱이 레스가 원래는, 오늘날과 같이 거래의 단순한 수동적인 대상으로, 손으로 만질 수 있는 것에 불과한 무기체는 아니었다는 것은 분명하다. 이 말의 어원에 대해서 가장 잘 연구한 것은 이 말을, 증여나 선물 또는 마음에 드는 물건이라는 뜻을 가진 산스크리트의 라(rah) 또는 라티흐(ratih)와 비교한 것이다.[10] 레스는 다른 사람을 즐겁게 하는 것이었다는 것은 틀림이 없다.[11]

---

10) 재산, 귀중품, 호부 등을 가리키는 rayih를 참조하라. 또한 조로아스터교 경전인 《아베스타》에서 동일한 의미를 지닌 rea, rayyi가 발견된다. 아일랜드 고어에는 '정중한 선물'이라는 의미를 지닌 rath도 있다.

11) 오스크어로 레스(res)를 가리키는 말은 egmo다. 고대 이탈리아어에는 주어서 기쁘게 하는 물건(res)과 부족해서 기대하는 물건(egmo)

또 한편으로, 물건에는 언제나 가족의 소유물임을 나타내는 인장(印章) 표시가 있었다. 따라서 손에 가지고 있는(mancipi) 물건에 대해서는 만키파티오(mancipatio)라는 엄숙한 인도 행위가 있었고, 이것이 권리라는 것과 연결되었다는 것을 이해할 수 있다. 물건이 수령자(受領者, accipien)의 수중에 있다 하더라도 그 물건은 당분간은 처음 소유했던 가족의 구속을 여전히 받고 있는 것이기 때문이다. 또한 그 물건은 현재의 소유자가 계약을 이행하는 것, 즉 물건이나 가격 또는 봉사의 대가로 인도하는 것을 통해서 해방될 때까지 본래의 소유자를 구속하는 것이기 때문이다.

주해(註解)

물건에 내재하는 힘의 개념은 다음의 두 가지 사항, 즉 절도(竊盜, furtum) 및 계약(re)과의 관계에서 볼 때, 로마법에서 사라진 적이 전혀 없었다. 절도와 관련해서 볼 때, 그것으로 야기되는 여러 행위와 의무는 전적으로 물건이

을 의미하는 두 개의 서로 대응하는 말이 있었던 것으로 보인다.

가진 힘으로부터 나오는 것이다. 물건은 그 자체로 영원한 권위(æterna auctoritas)를 가진 것으로, 이것은 그 물건이 도난당할 때에도 영원히 존재하는 것이다.[12] 이러한 것들에서 볼 때, 로마의 레스는 힌두교도나 하이다족의 소유물과 유사하다.

물건을 요구하는 계약인 re는 권리와 관련된 가장 중요한 네 가지 계약, 즉 대여, 위탁, 저당, 사용대차(使用貸借)로 구성되어 있다. 특히 우리가 판매와 함께 계약 자체의 시초였다고 믿고 있는 이름을 기록하지 않은 상당수의 증여와 교환과 같은 계약도 마찬가지로 re라고 일컬어진다.

로마법에서와 마찬가지로 현대사회에 살고 있는 우리의 실제 법에서조차도 이 점과 관련해서는 가장 오래된 법규범에서 벗어날 수 없다. 증여가 행해지려면 먼저 물건이 존재하거나 봉사가 이루어져야 하며, 그것이 의무를 부과해야 한다. 아주 오래전 로마법이 통용되던 시대에도 말과 문서 이외에 물건을 인도하는 행위가 본질적인 요소의 하나가 아니었던 시기는 한순간도 없었다고 생각한다.

12) 매우 오래된 법인 《아티니아법(Lex Atinia)》에서는 "절취(竊取)된 물건이라도 권위는 영원하다"고 규정한다.

계약과 채무 관계와 관련이 있는 대부분의 용어들과 이러한 계약과 관련한 일정한 형태의 계약 형식은 인도라는 행위에 의해 만들어지는 정신적 유대 체계와 관계가 있는 것으로 보인다. 먼저 계약 당사자는 레우스(reus)다. 레우스는 다른 사람에게서 레스를 받은 자라는 뜻에서 주는 자의 레우스가 된다.

다시 말해 그는 물건 자체에 의해서, 즉 물건의 영혼에 의해서 다른 사람에게 구속받는 자가 된다.[13] 따라서 여기서는 첫째, 물건에 의해서 소유된 자, 둘째, 물건이 인도되면서 야기된 소송에 연루된 자, 셋째, 죄를 지었거나 책임을 지는 사람이라는 세 가지 의미를 구분해 볼 수 있다.[14]

---

13) reus는 법률 용어인 동시에 종교용어다. 레우스의 동의어는 '서약을 이행할 의무가 있다'이다. 맹세한 자는 약속하거나 물건을 받은 자와 완전히 똑같은 입장에 선다. 그리고 그는 그 맹세를 이행할 때까지 유책자다.

14) 물건에 책임이 있는 자, 물건으로 인해 책임을 지는 자라는 reus 개념은 페스투스가 인용하는 초기 로마법학자들에게는 잘 알려져 있다. 페스투스는 연대책임이라고 불리는 이 보증 제도에서 이러한 말들의 의미 변형에 대해서 자세히 설명하고 있다. 연대책임은 개인과 물건을 연결시키고, 그 자신과 연대책임을 지는 '그의 친구들과 친척들'을 결합시키는 확고한 관계라는 의미를 지녔다.

이러한 관점에서 보면 계약, 넥숨, 소송(actio)이라는 말의 기원인 '유사-범죄(quasi-delit)'와 관련된 모든 이론이 좀 더 분명히 이해된다. 단순히 물건을 갖는다는 사실만으로 물건을 받은 자는 물건을 준 자에 대해서 유사 죄인의 상태, 정신적인 열등감, 도덕적으로 불평등한 상태라는 불안정한 상태에 놓이게 된다.[15]

그 밖의 인도유럽어족의 법

아주 오래된 로마법과 관련된 이러한 가설들은 오히려 선사시대적 질서에 속하는 것이다. 라틴 민족의 법과 도덕 및 경제가 그러한 형태를 취한 것은 틀림없지만, 그들의 제도가 역사 속에 들어오면서 이러한 형태가 없어졌다. 왜냐하면 바로 이 로마인들과 그리스인들은, 북방과 서방의 셈족을 따라서, 사람에 관한 법과 물건에 관한 권리를 구별했을 것이고, 판매를 증여 및 교환과 분리시켜 구분했고, 도덕적인 의무와 계약을 따로 나누어 취급하

15) 이탈리아의 방언에서는 이들 용어의 의미가 전혀 소멸되지 않은 채 남아 있다.

고, 특히 의례와 법 및 이윤 간의 차이점을 이해했을 것이기 때문이다.[16]

로마인들과 그리스인들은, 너무나 모험적이고 비용이 많이 들고 사치스러우며 사람에 대한 배려 때문에 거북스럽고 아울러 시장, 거래, 생산의 발전과는 양립되지 않는 반(反)경제적인 모든 증여의 경제와 오래된 도덕성을, 대단히 존경스럽게도 거대한 혁명을 치르며 넘어섰다.

현대와 비교적 가까운 역사시대에도 보통은 미개사회라고 불리거나 기껏해야 원시적인 사회인 오세아니아와

---

16) 그리스법 또는 더 정확하게 말해서 이오니아인과 도리아인의 위대한 법전 편찬에 앞서는 법이 존재했는지에 관한 연구를 수행하지는 못했다. 그렇기 때문에 그리스의 여러 민족이 이러한 증여 규칙을 알고 있었는지의 여부는 정확히 단언할 수 없다. 증여, 결혼, 담보, 환대, 이익, 계약 등과 관련한 다양한 문제에 관한 문헌을 모두 재검토해야 할 것이다. 현재로서는 다음과 같은 하나의 사례만 지적할 수 있다. 아리스토텔레스는 그의 《니코마코스 윤리학》에서 고결한 시민과 그의 공적이고 사적인 지출, 그 의무와 책임에 관해서 외국인 및 사절단의 대접, 증여, 답례에 대해서 언급하고 그들이 공공(公共)적인 것을 위해서 어떻게 지출해야 하는가를 말하고 있으며, "증여는 봉헌(奉獻)과 유사하다"고 추가적으로 설명하고 있다. 이것 이외에 현재 두 인도유럽어족의 법인 알바니아법과 오세티야법에서도 이러한 제도가 표현되고 있다. 여기에서는 이들 민족들에서 결혼이나 장례식의 경우에 과도하게 낭비하는 것을 금지하거나 제한하는 근대적인 법률 또는 명령이 있다는 것만을 지적하기로 하자.

아메리카 사회들이 지금까지 서술한 것과 같은 제도를 가지고 있다는 사실을, 인도유럽어족의 확실한 성문법(成文法)이 이미 알고 있었을 가능성은 점점 커지고 있다. 이러한 흔적들을 가장 잘 보존한 인도유럽어족의 법은 게르만법과 힌두법, 이 두 개가 있다.

2. 고전 힌두법

증여의 이론

힌두 민족의 법률적인 자료를 활용하기는 대단히 어렵다. 권위적인 측면에서 볼 때 결코 법전에 뒤지지 않는 서사시집은 브라만 계급에 의해서, 그리고 그들 자신을 위한 것은 아닐지라도 그들이 지배하던 시대에 그들에게 유리하도록 편찬되었다고 볼 수 있을 것이기 때문이다. 따라서 우리가 다른 두 카스트 계급인 크샤트리아 계급과 바이샤 계급의 법과 경제를 살펴보려면 법전과 서사시집 속에 들어 있는 증거 자료들의 도움을 받아 재구성할 수밖에 없다.

즉 '증여의 법(danadharma)'은 실제로 브라만에게만 적용된다. 예를 들어 브라만이, 답례는 철저하게 종교적인 봉사로만 행해진다고 하더라도, 선물을 요청하고 받는 방법이나 브라만에게 증여를 하는 방식 등을 보여준다. 귀족들, 왕후 가족들, 그리고 수많은 카스트와 인종 내부의 평민들 간에는 완전히 서로 다른 관계를 보인 것으로 판단된다.

아리아 종족이 이주한 직후의 고대 인도는 사실 이중적인 포틀래치의 나라였다. 먼저, 이전의 포틀래치는 그 수가 훨씬 많았으나, 지금은 인도 인구의 상당 부분의 토대를 구성하고 있는 아삼(Assam) 지방의 부족들(티베트 미얀마어족)과 문다어족계(語族係) 부족들(오스트로아시아어족)의 두 집단들에서 찾아볼 수 있다. 이 부족들의 전통이 브라만을 배경으로 존속해 온 것이라고 추측해도 무방할 정도다. 예를 들어 갑자기 찾아온 손님에게 권하지도 않은 채 음식을 먹는 것을 금하는 규칙, 즉 '친구가 참여하지 않은 상황에서 음식을 먹는 것은 독(毒)을 먹는 것이다'라는 규칙에서는 바타크어족의 인조크(indjok)나 그 밖의 말레이 지역의 환대 원칙과 비교해 볼 수 있는 흔적이라고 볼 수 있다.

다른 한편으로, 같은 족은 아니어도 같은 종류에 속하는 제도들은 가장 오래된 《베다》에서 약간의 흔적을 발견할 수 있다. 또한 인도유럽어족의 거의 모든 세계에서 찾아볼 수 있는 것과 같이, 아리아족도 역시 그러한 것들을 인도로부터 가져왔을 것이라고 볼 만한 이유도 있다.

물론 이 두 가지 흐름은 한 시기에 합류했지만, 이 시기를 베다 시대 후반기와 두 개의 큰 강인 인더스 강과 갠지스 강의 거대한 유역으로 이주하던 시기와 거의 동일하게 볼 수 있다. 물론 이 두 개의 흐름은 서로 보완관계에 있었을 것이다. 결국 베다 시대를 벗어나자마자 이 이론은 관습과 함께 비약적으로 발전했을 것이다. 《마하바라타》는 거대한 포틀래치 이야기다. 여기에는 카우라바(Kauravas)와 판다바(Pandavas)의 주사위 놀이, 기마 시합, 그리고 판다바의 여동생이면서 형제의 공동 아내인 드라우파디(Draupadi)를 약혼자로 선택하는 것이 기술되어 있다. 이와 동일한 일단의 전설들은 이 서사시들에서 보이는 가장 아름다운 삽화들에서 반복적으로 나타나고 있다. 예를 들면 날라(Nala)와 다마얀티(Damayanti)의 이야기에서는 《마하바라타》의 전체 내용과 마찬가지로 가옥의 공동 축조, 주사위 놀이 등과 관련된 내용이 표현되고 있다.

이러한 법이 브라만들에게만 유효하게 남고 사라진 것은 분명하다. 그러나 이 법은 기원전 8세기에서 기원후 2~3세기에 이르기까지 600년에서 1000년가량 효력이 발휘되고 있었다. 브라만의 서사시와 법은 과거의 분위기로 여전히 기능을 발휘하고 있다.

물건을 준 것에 대한 보답은 이 세상에서 이루어지거나 아니면 다른 저세상에서도 이루어진다. 이 세상에서 행하는 선물은 그것과 똑같은 것을 증여자에게 자동적으로 가져다준다. 선물은 없어지는 것이 아니라 재생되기 때문이다. 저세상에서는 증여를 한 사람은 똑같지만 더 늘어난 것을 되돌려 받는다. 이 세상에서는 음식물을 주면 그 음식물이 증여자에게 되돌아오며, 그것은 또한 저세상에서 그의 음식물이기도 하고 계속해서 이어지는 그 사람의 윤회 과정의 음식물이 되기도 한다.

예를 들어 물, 우물, 샘을 주면, 그것은 갈증을 막아준다. 옷, 금화, 작은 양산, 그리고 아주 뜨거운 땅 위를 걸어 다닐 수 있는 샌들을 주면, 그것들은 이 세상과 저세상에서도 또는 장래에 다시 태어날 때에도 당신의 이익을 증대시켜 준다. 토지는 수확물, 지대(地代), 세금, 광물, 가축을 만들어준다. 토지를 선물하면 거기서 나오는 생산물로 인해 주는 사람과 받는 사람이 모두 부자가 된다.

이상과 같은 법률-경제에 관한 신학은 화려한 문장과 무수한 시구들로 끝없이 전개된다. 또한 어느 법전, 어느 서사시를 보아도 이 주제에 대해서 언급하지 않은 것은 없다.[17]

---

17) 〈파르반〉 전체, 즉 《마하바라타》의 이 노래는 변덕스러운 운명의 여신 슈리(Çri)를 어떻게 하면 얻을 수 있는가, 라는 물음에 대답을 하고 있는 것이다. 첫 번째 대답은 슈리가 암소들의 똥과 오줌 속에 섞여 살고 있는데, 그것은 여신인 암소들이 슈리에게 그곳에 머물도록 허락

음식은 나누어 먹어야 한다는 본질적인 성격을 가지고 있기 때문에 음식을 다른 사람들과 나누지 않는 것은 '음식물의 본질을 죽이는 것'이다. 또한 이러한 것은 스스로에게서나 다른 사람들에게서 음식물을 파괴하는 것과 같다. 이것은 브라만교가 자선과 환대를 유물론적이면서 동시에 유심론적인 관점에서 해석한 것이다.[18] 재화는 주기 위해서 모으는 것이다. 만약 그것을 받을 브라만을 가지고 있지 않다면, "부자들의 재산은 헛된 것일 뿐이다".

그것을 모르면서 먹는 자는 음식물을 죽이는 것이며, 또한 섭취된 음식물에 의해서 죽임을 당한다.

했다는 것이다. 따라서 암소를 선물함으로써 확실한 행복을 얻는다고 여긴다.

18) 모든 논리는 크리슈나 드라이파야나의 화신인 마이트레야 왕과 비야사가 나눈 유명한 대화 속에 나타난다. 이 대화에는 브라만교와 불교가 서로 투쟁을 벌인 흔적이 보이는데, 이것은 역사적인 가치를 지니고 있으며 동시에 크리슈나 신앙이 승리를 거둔 시대를 간접적으로 표현하고 있다. 하지만 여기서 가르치고 있는 교의는 고대 브라만 신학의 교리이며, 아마도 이것은 아리안족이 침입하기 이전의 인도에서 가장 오래된 민족 도덕의 교리이기도 하다.

탐욕은, 차례차례로 영속적으로 다시 태어나는 법, 공덕(功德), 음식물의 순환을 차단한다.

한편, 브라만교는 절도에 관해서뿐만 아니라 교환하는 행위에서도 명백하게 재산을 사람과 동일시했다. 브라만의 재산은 브라만 자신이다.

브라만의 암소, 그것은 독(毒)이고 독사다.

바우다야나(Baudhayana)의 고대 법전에는 다음과 같은 표현이 명기되어 있다. "브라만의 재산은 (도둑질한 자와) 그의 아들, 손자까지도 죽인다. 그 독은 (단순한 독이) 아니다. 브라만의 재산은 (효능이 아주 좋은) 독이라고 불린다." 브라만의 재산에는 제재력(制裁力)이 포함되어 있다. 왜냐하면 브라만의 재산은 브라만이 가지고 있는 끔찍한 것 그 자체이기 때문이다.

우리에게 가장 흥미로운 《마하바라타》의 〈파르반(Parvan)〉의 한 절 전체는, 야두스(Yadus)의 왕 느르가(Nrga)가 하인들의 실수로 인해 한 브라만의 소유물인 암소를 다른 브라만에게 주었기 때문에 도마뱀으로 변해버렸다는 이야기를 전하고 있다. 암소를 선의로 받은 자는 그것을 돌려주려고 하지 않았고, 수십만 개의 다른 것과도 교환하려고 하지 않았다. 암소는 그의 집의 일부분이며, 그의 것이 되었기 때문이다. 자기 암소를 빼앗긴 자도 다른 암소를 받지 않았다. 이제는 돌이킬 수 없이 그 암소는 두 브라만의 재산이 되었다. 양쪽이 모두 거부해 불행해진 왕은 그 거부 속에 들어 있는 저주 때문에 수천 년 동안 마법에 걸렸다.

주어진 물건과 증여자, 또는 소유물과 소유주 간의 관계가 암소의 증여와 관련된 규범보다 더 긴밀하게 연결되어 있는 것은 없다. 그 규범은 잘 설명되어 있다. 다르마의 왕으로서 서사시의 주인공인 유디스티라(Yudhisthira)는 그 규범을 지키고 보리와 쇠똥을 먹으면서 땅에서 잤기 때문에, 왕들 중에서 '황소'가 되었다. 사흘 낮과 밤 동안 암소의 소유주는 그를 모방해서 '암소의 맹세'를 지켰다. 그는 3일 중 하룻밤 동안에는 오로지 '암소의 즙'인 땀, 똥, 오줌만 먹었다(오줌에는 행운의 여신인 슈리(Çri)가 있다). 또한 사흘 중 하룻밤은 암소들과 함께 땅에서 잤는데, '자기 몸을 긁지도 않았고 이나 벼룩을 걱정하지도 않으면서', '암소와 똑같이 생각했다'.

브라만법의 몇몇 원칙들은 기묘하게도 이미 설명한 폴리네시아, 멜라네시아, 그리고 아메리카의 몇 가지 관습과 유사하다. 신기하게도 선물을 받는 방식이 비슷하다. 브라만은 완고한 자존심을 갖고 있다. 무엇보다도 브라만은 거래와 관계있는 것이면 그것이 무엇이든 관련짓고 싶어 하지 않는다. 이와 마찬가지로 브라만은 거래에서 생기는 것은 어떤 것도 받아서는 안 된다.

또한 그들은 다른 사람들이 베푸는 호의에도 화를 낼 만큼 귀족으로서의 위엄 있는 태도를 유지한다. 《마하바라타》의 두 절에서는 위대한 예언자들인 일곱 명의 왕과 사병들이 슈비(Çibi)왕의 아들의 육체를 먹으려고 할 정도로 기근에 빠져 있을 때에도, 샤이비아 브르사다르바(Çaivya Vrsadarbha) 왕이 준 엄청난 선물과 훌륭한 무화과도 거절하면서 다음과 같이 말했다고 전한다.

> 오 왕이시여, 왕들로부터 받는 것이 처음에는 꿀처럼 달지만 마침내는 독이 됩니다.

이것은 증여로 인해 증여자와 수증자 간에 맺어지는 유대 관계가 대단히 강력해진다는 것을 말한다. 우리가 앞에서 살펴본 모든 체계들에서와 마찬가지로, 때로는 그것들보다 더 강하게 한쪽이 다른 쪽에게 강하게 구속되는 것이다. 수증자는 증여자에게 종속된다.[19] 이러한 이유로 브라만은 '받아서는' 안 되며 또한 왕에게 간청해서도 안 된다. 또 한편으로 왕의 입장에서는 주는 방식이 주는 사실 만큼이나 중요하다.

증여는 주지 않으면 안 되는 것인 동시에 받지 않으면 안 되는 것이지만, 받는 데에는 위험이 따른다. 이것은 주어진 물건 자체가 쌍방적이면서도 돌이킬 수 없는 유대 관계를 형성하기 때문인데, 특히 음식물의 경우에 더욱 그렇다. 수증자는 증여자의 노여움에 좌우되며, 이들 각각은 상대방의 지배를 받을 수밖에 없다. 따라서 자기를 싫어하는 자의 집에서는 식사해서는 안 된다.[20)]

---

19) "현자의 힘과 명민함은 그들이 수령한다는 사실에 의해서 쇠약해진다.", "오 왕이시여, 받으려고 하지 않는 자들을 조심하소서." 〈Adhyaya〉, 35절 34행.

20) 《마누법전》 Ⅲ(5, 8)은 부조리 신학의 해석을 통해 그러한 경우 "주인의 죄를 먹는다"고 한다. 이 해석은 브라만이 행해서는 안 된다고 간주되면서도 여전히 행하고 있는 주요한 일, 즉 '죄를 먹는' 브라만에게 금기로 간주되는 것과 관계가 있다. 이러한 증여의 경우에는 당사자 어느 쪽에게도 행복한 것이 아니라는 것을 의미한다.

3. 게르만법 : 담보와 증여

게르만 사회는 증여 이론에 대해서 인도만큼 오래되고 완전한 흔적을 남겨놓지는 않았지만, 자발적이거나 강제적으로 주고받고, 답례 되는 매우 발달된 형태의 증여가 이루어지는 교환 체계가 분명히 존재했음을 보여주고 있다.[21]

게르만 문명에도 역시 오랫동안 시장이 없었다. 게르

---

21) 이러한 사실들은 상당히 시간이 지난 후대에 기록되어 전해지고 있다. 《에다》의 노래들은 스칸디나비아인이 기독교로 개종한 시기보다 훨씬 나중에 편찬되었다. 그러나 전승의 연대는 편찬의 연대와 상당히 다를 수도 있으며, 가장 오래된 것으로 알려진 형태로 전승된 연대조차 그 제도의 연대와 매우 다를 수도 있다. 이것이야 말로 비판할 때 절대 잊어서는 안 되는 두 가지 원칙이다. 그러나 이 경우, 자료를 사용하는 데 있어서 위험은 전혀 없다. 우리가 기술하려고 하는 법 가운데 아주 중요한 위상을 차지하는 증여의 일부분은 게르만족에서 발견되는 최초의 제도에 속하기 때문이다. 타키투스는 두 가지 형태의 증여를 기술하고 있다. 즉 결혼에 의한 증여와 그 선물이 증여자의 가족에게 답례 되는 방식, 그리고 귀족의 증여, 특히 우두머리에 대한 증여와 우두머리가 행하는 증여가 그것이다. 이러한 관습이 아주 오랫동안 보존되어 우리가 그 흔적을 찾을 수 있는 이유는 그 관습이 확고해서 모두 게르만인의 마음속에 깊이 뿌리를 내렸기 때문이다.

만 문명은 본질적으로 봉건적이며 농민적인 상태였다. 그곳에서는 가격, 구입, 판매라는 개념이 없었고, 그러한 용어들도 요즘 시대에 와서 생겨난 듯하다.[22] 게르만 문명은 상당히 오래전에 포틀래치의 모든 체계, 특히 대단히 발달된 증여의 체계를 가지고 있었다. 부족 내부의 씨족들, 씨족 내부의 미분화한 대가족들, 그리고 부족들, 추장들, 심지어는 왕들도 자기 집단의 폐쇄적인 영역 외부에서 도덕적으로나 경제적인 삶의 영역에서 증여와 협동의 형태로 담보, 인질, 향연 등 가능한 많은 선물을 통해 교류하고 서로 도우며 동맹을 맺었다.

얼마 전까지도 존속한 제도가 있는데, 이것은 확실히 독일 촌락의 도덕과 경제적인 관습 속에 여전히 남아 있으며 경제적인 관점에서도 그 중요성이 매우 크다. 그것은 가벤(Gaben)이며, 힌두의 아다남(adanam)과 완전히 같은 것이다. 세례식, 성찬식, 약혼식, 결혼식 때 초대받은

---

22) Kauf(매매)라는 말과 그것에서 나온 모든 파생어가 라틴어 caupo(상인)에서 나왔다는 것은 잘 알려져 있다. leihen(빌리다), lehnen(기울어져 있다, 빌리다), lohn(임금), bűrgen(보증하다), borgen(빌리다) 등과 같은 단어들의 의미가 모호하다는 것은 기지의 사실이다. 그러한 모호함은 그 말들을 최근에야 기술적으로 사용하기 시작했다는 것을 증명한다.

사람들은 결혼 피로연 후나 전날 또는 그 다음 날 보통 결혼식 비용을 훨씬 능가하는 가격의 결혼 선물을 준다. 독일의 어떤 지방에서는 이 가벤을 결혼식 날 아침 신부에게 지참금으로 주기도 하며, 모르겐가베(Morgengabe)라고 부르기도 한다. 또 몇몇 지역에서는 이러한 선물들을 많이 받는다는 것이 젊은 부부가 많은 자녀를 낳을 징후라고 말하기도 한다. 약혼 관계를 맺는 것과 대부나 대모가 대자 또는 대녀에게 이름을 붙여주거나 도움을 주기 위해서 생애의 여러 순간에 행하는 증여도 중요하다.

두 번째 제도도 똑같은 기원을 가지고 있다. 그것은 게르만의 모든 종류의 계약은 담보를 필요로 한다는 것을 말한다.[23] 가주(gage, 담보 · 저당 · 인질 · 보증 · 급료)라는 말은 게르만어의 바디움(wadium, 영어의 wage, salaire와 비교)에서 유래한다.

게르만법에서는 담보물을 받아들이면 계약 당사자들

---

23) 이하에서 우리는 담보와 계약금(arrhes)을 분명히 구별한다. 계약금은 라틴어와 그리스어 이름이 나타내는 바와 같이 셈족에서 유래하며, 우리의 법과 마찬가지로 후기 게르만법에서도 잘 알려져 있었다. 어떤 관습에서는 계약금이 고대의 증여와 혼동되는 일도 있었다. 예를 들면 티롤(Tyrol)의 몇몇 방언에서는 Handgeld(계약금)를 Harren이라고 말한다.

은 서로에게 실제로 영향을 미칠 수 있다. 한쪽의 계약 당사자는 상대방의 특정 물건을 가지고 있으며, 또한 이전에 그 물건의 소유주였던 상대방은 그 물건에 주문(呪文)을 걸 수 있기 때문이다. 또한 종종 담보물을 둘로 잘라서 각각의 계약 당사자가 반씩 갖고 있기 때문이기도 하다.

주술적으로 제재를 가할 수도 있지만, 이것만이 유일한 구속 방식은 아니다. 주어지거나 담보로 제공되는 물건은 그 자체가 고유한 구속력을 가진다. 먼저, 담보의 제공은 의무적이다. 게르만법에서는 일체의 계약, 모든 판매나 구입, 대차, 기탁(寄託)은 담보 설정을 전제로 하고 있다. 상대방에게는 일반적으로 가치가 낮은 한 개의 물건, 즉 장갑, 한 개의 화폐(Treugeld, 신탁 화폐), 칼(프랑스에서는 핀이다)이 주어진다. 이것은 인도된 물건의 값이 지불되면 반환된다. 위블랭은 이미 그러한 물건이 가치가 낮고 흔한 개인 소지품이라는 점에 주목해, 이러한 사실을 '생명의 표시(gage de vie, life-token)' 문제와 비교하며 설명하고 있다.

물건을 수증자가 가지고 있다는 사실로 계약 당사자는 계약을 이행하게 된다. 즉 그 물건을 다시 구입함으로써 자기 자신을 되사게 되는 것이다. 따라서 넥숨은 단지 주술적인 행위나 계약의 엄숙한 형식, 말, 선서 및 의식이나 악수에만 있는 것이 아니라, 물건 속에도 있는 것이다. 넥숨은 증서(証書), 주술적인 의미가 있는 '행위', 각각의 당사자가 한 조각씩 나눠 가지는 부신(符信), 각자가 상대방의 음식물을 나누어 먹는 공동 식사 속에 있는 것처럼 물건 자체에도 있다. 담보를 맡기는 자가 내기를 거는 물건인 저당물로부터 해방되지 못한다면 더 낮은 지위에 머무를 수밖에 없게 된다.

계약이 끝나지 않은 한 그는 내기에 진 자이거나 경쟁에서 2등을 한 자와 동일한 취급을 받는다. 따라서 그는 그가 관련되어 있는 것이나 그가 치러야 할 것보다 더 많은 것을 잃는다. 이러한 경우에, 그가 받은 물건은 소유주가 반환 청구를 할 수 있기 때문에, 담보가 취소되지 않는 한 그 물건을 잃게 될 수도 있음은 분명하다. 담보를 받는 데에는 항상 위험이 따르는 것도 특징이다. 주는 자뿐만 아니라 받는 자도 역시 구속되기 때문이다. 트로브리안드 섬의 수령자가 자신에게 주어진 물건을 경계하는 것과 같다. 그래서 그 물건은 수령자의 발밑에 던져진다. 모든 의식은 도전과 경계의 형태를 취하며, 그 두 가지를 모두 표현한다. 주어진 물건으로서의 담보물은 양쪽 '관계자'에게 모두 위험스런 것이다.

그리고 세 번째 사실은, 주어지거나 인도된 물건으로

표현되는 위험이 아주 오래된 게르만의 법과 언어보다 더 잘 표현하는 것은 없다는 점이다. 그것은 gift라는 말이 한편으로는 선물(don)이라는 뜻을 가지고 있고, 다른 한편으로는 독(poison)이라는 뜻을 가지고 있다는 것에서 잘 설명된다. 다른 곳에서 이 말의 어의(語義)의 역사를 자세히 설명한 적이 있다.[24)]

불길한 증여, 독(毒)으로 변하는 선물이나 재산이라는 주제는 게르만 민간전승의 기초를 구성하는 것이다. '라

---

24) 그리스어 δο΄ϭιϭ(함유량, 독의 분량)의 전사(轉寫)인 라틴어 dosis를 번역한 gift의 어원을 검토하지 않은 이유에 대한 질문을 받은 적이 있다. 독일어의 고지대 방언과 저지대 방언이 일상적으로 사용하는 물건에서 이 말이 나왔을 것이라고 추측해 볼 수 있다. 하지만 그러한 것은 통상적인 어의학(語義學)상의 원칙이 아니다. 게다가 그러한 번역을 위해서 왜 gift라는 말이 선택되었는지, 또한 어떻게 해서 몇몇 게르만어에서는 반대의 언어상 터부에 따라 이 말의 '증여'라는 의미가 강조되었는지를 설명하지 않으면 안 될 것이다. 마지막으로 라틴어, 특히 그리스어가 독(毒)을 의미하기 위해 dosis라는 말을 사용했다는 것으로부터 고대의 사람들에게도 우리가 서술한 것과 같은 관념 및 도덕률의 결합이 존재했다는 것을 알 수 있다. 우리는 gift라는 말의 의미와 라틴어의 veneum(독 · 마법약), 그리스어의 φίλτρσυ(미약, 媚藥)와 φάρμακον(약)이 가지는 각각의 의미의 모호함을 비교했다. 또한 라틴어의 venia(호의), venus(매도), veneum, 산스크리트의 vanati(기쁘게 해주다), 독일어의 winnen(이기다), 영어의 win을 비교해 볼 수 있을 것이다.

인의 황금'을 획득하는 자는 파멸로 끝이 났으며, '하겐의 보배'를 마시는 영웅에게는 재앙이 닥쳤다. 《에다》에 나오는 한 영웅, 흐라이드마르(Hreidmar)가 로키(Loki)의 저주에 다음과 같이 응대한 절(節)을 인용해 보자.

> 너는 선물을 주었다.
> 하지만 너는 사랑의 선물은 주지 않았다.
> 또 너그러운 마음으로 주지도 않았다.
> 내가 좀 더 빨리 그 위험을 알았더라면,
> 너는 이미 목숨을 잃었을 것이다.

중국법

중국 문명에서는 모든 물건과 그 물건을 원래 소유했던 사람 사이에 분리될 수 없는 유대 관계가 있다는 믿음이 있다. 오늘날에도 동산(動産)이라고 해도 자기의 재산을 판 사람은 평생 동안 산 사람에 대해서 '그 재산을 애도하는' 권리를 지닌다.[25]

---

25) 중국의 부동산법도 게르만법이나 고대 프랑스법과 마찬가지로 환

황 신부(père Hoang)는 판 사람이 산 사람에게 넘겨주는 '애도 증서(哀悼證書)' 모델들을 기록했다. 그것은 물건에 대한 추구권으로 사람에 대한 추구권과 섞여 있다. 즉 물건이 결정적으로 다른 사람의 자산이 되고 '취소할 수 없는' 계약의 모든 조건이 이행된 뒤에도 판 사람은 오랫동안 물건에 대한 권리를 보유한다는 것이다. 비록 대체할 수 있는 것이라 하더라도 양도된 물건으로 맺어진 인연은 일시적인 것이 아니고, 계약 당사자들은 영속적인 상호 의존 관계를 맺게 되는 것으로 간주된다.

매권부(還買權附) 매각과 상속 계통에서 벗어나서는 안 되는 토지 · 재산이 매도되었을 때 친척이 그것을 다시 살 수 있는 권리를 인정하고 있다.

제4장
결론

1. 도덕적인 결론

이상에서 관찰된 것들을 우리 사회로 확장시켜 적용할 수 있다. 우리의 도덕과 생활은 상당부분 언제나 의무와 자발성이 섞여 있는 증여의 상황 속에 있다. 아직은 모든 것이 구입과 판매라는 것으로만 분류되지 않는 것이 다행이다. 시장가치만 가지고 있는 물건들이 많이 있기는 하지만, 그것들은 여전히 시장가치 외의 감정 가치(感情價値)도 가지고 있다. 우리의 도덕이 단지 상업적인 것만은 아니기 때문이다. 선물을 받고 답례하지 않으면 그 선물을 받은 사람의 인격이나 지위는 좀 더 열등한 상태로 떨어지며, 답례할 생각도 없이 선물을 받았을 때에는 더욱더 그러하다.

사회생활이라는 특수한 삶 속에서 흔히 말하는 바와 같이 '빚진 상태로' 있어서는 안 된다. 받은 것보다 더 많이 답례하지 않으면 안 된다. '대접'은 언제나 돈이 더 많이 들고 성대한 것이다. 나의 어린 시절, 로렌(Lorraine) 지방의 농촌 가족은 평소에는 매우 검소한 생활을 했지만, 수호성인 축제일, 결혼식, 성찬식이나 장례식 때에는 손님들을 위해 돈을 펑펑 썼다. 이러한 경우에는 '대(大)귀족'이 되어야 하는 것이다.

초대를 하지 않으면 안 되며 또 그것을 받아들이지 않으면 안 된다. 이러한 관습은 현대의 자유주의 사회에서도 여전히 남아 있다. 50년 전이나 또는 최근까지도 독일과 프랑스의 몇몇 지방에서는 마을 사람 모두가 결혼식 축하연에 참가했다. 만약 어떤 사람이 빠지면, 그것은 나쁜 징조, 질투와 '저주'의 징후로 간주했다.

팔린 물건이라도 그것은 여전히 영혼을 지니고 있으며, 그 예전의 소유주는 그것을 지켜보고 또한 물건도 예전의 소유주를 따라다닌다. 보주 산맥 계곡에 있는 코르니몽(Cornimont)에서는 얼마 전만 해도 다음과 같은 관습이 행해졌으며, 몇몇 가정에서는 여전히 존속하고 있는 것으로 보인다. 즉 새로 산 가축들이 자신들의 옛 주인을 잊고 '자기 집'으로 돌아가고 싶어 하지 않도록 축사 문 위의 가로대에 십자가를 만들었고, 산 사람은 그것을 판 사람의 고삐를 갖고 있었으며, 가축들한테 소금을 뿌렸다.

프랑스는 팔린 물건을 판 사람과 떼어놓아야 한다는 많은 관습들이 존재한다. 예를 들면 팔린 물건을 두들기거나, 또는 팔린 양(羊)을 채찍으로 때리기까지 한다.[26]

---

26) 크루이트는 셀레베스 섬에서 이와 유사한 사실들을 인용하고 있다

원고, 발명품 또는 예술 창작품의 판매라는 직접적인 행위를 넘어서 의장권(意匠權), 저작권, 특허권이 인정되기까지는 많은 시간이 걸렸다. 실제로 많은 사회에서 인류의 은인인 저술가나 발명가의 상속인들에게 권리 소유자가 만든 물건들에 대해서 가지는 권리보다 더 많은 권리를 가질 수 있도록 인정하는 데에 그다지 큰 관심을 기울이지 않았다. 그러나 예술가와 그 직접적인 상속인이 생존해 있는 동안 회화 · 조각 · 예술품의 가격이 증가한다는 이유로, 1923년 9월 프랑스는 작품이 매매될 때 생기는 증가액에 대한 추구권을 예술가와 그 권리 소유자에게 주는 법률을 재정했다.[27]

(《Koopen in Midden Celebes》에서 발췌, 12쪽). 물소를 외양간에 넣는 의식, 개의 다리를 하나씩 사거나 몸의 일부를 사고, 개의 음식에 침을 뱉는 의식, 고양이는 어떠한 사정이 있어도 팔지 않으며 단지 빌려주기만 하는 것들이 그것이다.

27) 이 법은 그것을 잇달아 보유하는 자들이 얻는 이익을 부당하게 여기는 것에서 착안한 것이다. 문학작품과 그 밖의 예술품 소유권에 대해서 소비에트가 규정한 법률도 똑같은 관점에서 보면 흥미로운 점들을 발견할 수 있다. 처음에 모든 것을 국유화하자 살아 있는 예술가들만 피해를 입게 되었으며, 국가가 출판을 독점하기 때문에 예술가들이 많은 작품을 발표하지 않는다는 것을 알게 되었다. 결국 가장 오래된 고전까지도 저작권법을 회복시켰고, 현재는 소비에트가 근대적인 형태의 법률을 채택하고 있다. 우리와 마찬가지로 실제로 이 문제에 관해서

프랑스에서 사회보장과 관계된 모든 법과 이미 실현되고 있는 국가사회주의는 다음과 같은 원리로부터 영감을 받았다. 즉 노동자는 한편으로는 집단에, 다른 한편으로는 고용주에게 자신의 생명과 노고를 바친다는 것이다. 또한 노동자가 사회보장 사업에 협력한다고 해서, 그의 노동으로 이익을 본 자들이 단순히 임금을 지불하는 것만으로 노동자에게 빚을 갚을 수 있다고 볼 수는 없다는 것이다. 따라서 공동체를 대표하는 국가는 고용주와 함께, 그리고 노동자와 협력해 노동자에게 실업, 질병, 노령화 및 사망에 대비한 일정한 생활 보장을 해주어야 한다는 것이다.

영국에서는 오랫동안 수백만 명의 노동자에게 영향을 준 극심한 불황기에 동업조합들이 강제 실업보험 운동을 벌였다. 시 당국과 국가는 단지 산업과 시장의 일반적인 경향으로 야기된 것일 뿐인 실업자들에게 엄청난 경비를 지불해야 한다는 부담에 지쳐 있었다. 그런데 피버스(Pybus)나 린든 매캐시(Lynden Macassey) 같은 저명한 경제학자들과 거대 사업가들은 기업이 법인 형태의 실업금고를 설립해 손실을 스스로 부담할 수 있도록 했다. 즉

소비에트는 사람을 기준으로 법을 선택해야 할지, 물건을 기준으로 법을 선택해야 할지를 결정하지 못하고 망설이고 있다.

그들은 노동자의 생활 보장이나 실업 구제에 대한 비용을 각 기업의 일반경비 속에 포함시키고자 했던 것이다.

'고귀한 지출'의 관습을 되찾아야 하며, 또한 그렇게 하지 않으면 안 된다. 미개사회와 고도의 문명사회를 포함해 앵글로색슨 제국(諸國)과 그 밖의 많은 현대사회의 부자들은 스스로 또는 의무적으로도 스스로를 동포들의 회계원으로 생각해야 할 것이다. 이것에 이어서 우리는 개인의 생명, 건강, 교육, 가족 그리고 가족의 장래를 더 많이 배려해야 한다. 고용계약, 부동산 임대차계약, 필수품의 매매계약에는 더 많은 선의와 인정, 그리고 너그러움 등이 필요하다. 그리고 투기와 고리대금에서 얻어지는 수익을 제한하는 방법을 찾아야 한다.

그러나 개인은 일을 해야 한다. 개인은 다른 사람에게 의지하기보다는 자기 자신에게 의지해야 하기 때문이다. 또한 개인은 개인적으로, 그리고 집단적으로 자신의 이익을 보호하지 않으면 안 된다. 지나치게 후한 것이나 공산주의는 개인주의적인 현대인이나 근대법과 마찬가지로 개인에게는 물론 사회에게도 해로운 것이다. 수도승의 생활이나 샤일록(Shylock)의 생활 모두 멀리해야 할 것들이다. 이 새로운 도덕은 분명히 현실과 이상이 현명하게 잘 혼합되어 있는 중간적인 것이다.

우리는 옛날의 기본적인 것으로 돌아갈 수 있고 또 돌아가야 한다. 많은 사람들이 아직도 알고 있는 생활과 활동의 동기, 즉 공공연하게 베푸는 즐거움, 후하고 풍류가 있는 소비의 즐거움, 환대와 사적이고 공적인 축제의 즐거움을 다시 발견할 수 있을 것이다. 사회보험, 상호부조 조직체, 협동조합, 직업 단체 및 영국법에서 말하는 '공제조합' 법인 등의 배려는, 귀족이 소작인에게 보장해 주는 단지 개인적인 보증, 고용주가 매일 지급하는 임금으로 생계를 어렵게 이어나가는 것, 심지어 변화무쌍한 신용에만 의지하는 자본가의 저축보다 훨씬 낫다.

여기서는 명예, 무사무욕, 집단적인 연대가 빈말이 아니며, 그렇다고 해서 노동의 필요성이 부정되는 것도 아니다. 이것들 이외의 직업 단체들을 인간적으로 만들어서 더욱 완성시켜야 하고 이것이야말로 종종 뒤르켕이 찬양했던 위대한 진보일 것이다.

시민이 너무 선량하거나 개인적이어서도 안 되고, 또 너무 비정하거나 현실적이어서도 안 된다. 시민은 자기 자신에게뿐만 아니라 다른 사람, 그리고 사회적 현실에 대해 날카로운 비판 의식을 가지고 있어야 한다. 시민은 자신과 사회, 그리고 그 하위 집단들을 고려하면서 행동하지 않으면 안 되기 때문이다.

2. 경제사회학적 · 정치경제학적 결론

여러 종류의 사회에서 물건은 유용성이 아닌 다른 것에 의해 순환된다. 씨족, 연령 집단, 그리고 일반적으로 성별 집단은, 그들 간의 접촉에서 생기는 다양한 관계로 인해, 끊임없는 경제적 흥분 상태에 있으며, 게다가 이 흥분은 현실적인 것과 관계가 거의 없다. 그럼에도 불구하고, 그 흥분은 우리가 행하고 있는 판매와 구입, 서비스 고용, 증권투자보다 월등히 활기차다.

여기서 우리가 서로 상대적으로 비교하는 법률적이고 경제적인 개념들, 즉 자유와 의무, 후한 인심, 후함, 사치와 절약, 이익, 유용성 등의 개념들은 다시금 재검토해 볼 필요는 있다. 이 문제에 대해서는 몇 가지 단서밖에 없다. 트로브리안드 제도에서 예를 들어보자. 여기에서도 여전히 이미 기술한 바 있는 모든 경제행위에 영향을 미치는 복합적인 개념이 있는데, 그것은 순전히 자발적이고 무상적(無償的)인 급부의 개념도 아니며, 단지 실효성과 관련된 생산과 교환의 관념도 아니다. 그곳에서 꽃피고 있는 것은 일종의 혼성물이다.

말리노프스키는 전형적인 순수한 증여를 부부간의 증

여로 본다. 그런데 말리노프스키가 지적한 사실 중 가장 중요한 것 중의 하나이며 전 인류의 모든 성관계를 분명히 설명해 주는 것은 마풀라(mapula), 즉 성적 봉사에 대한 일종의 보수로서 이것은 남편이 아내에게 '지속적으로' 지불하는 것이다.[28)]

이와 마찬가지로 추장에게 바치는 예물은 공물(貢物)이며, 음식물의 분배(sagali)는 장례식 전날에 해야 하는 노동이나 의식을 거행하는 것에 대한 보상이다. 그런데 이 증여는 자발적인 것이 아니기 때문에 실질적인 이해관계를 떠난 것이라고 볼 수는 없다. 그것들은 이미 대부분의 경우 봉사와 물건의 대가를 지불하기 위해서만이 아니라, 어로 부족과 농경 부족 또는 도기 제조 부족 사이의 거부할 수 없는 유익한 협력 관계를 유지하기 위해서도 행해지는 반대급부다.

화폐의 사용은 고찰해야 할 또 다른 문제들을 제기한다. 트로브리안드 섬의 바이구아, 즉 팔찌와 목걸이는 북서부 아메리카 원주민의 동판이나 이로쿼이족(Iroquois)의 왐푼과 마찬가지로 부유함 그 자체이기도 하고 동시에

---

28) 이 말은 결혼하지 않은 처녀와의 합법적인 매춘에 대해 지불하는 것에도 적용된다. Malinowski, 《Argonauts of the Western Pacific》, 183쪽 참조.

부의 표시다.[29] 교환과 지불의 수단이며, 이와 동시에 주어야 하거나 파괴해야 할 물건이기도 하다. 하지만 그것은 그것을 사용하는 사람들과 연계된 담보물이며, 이 담보물이 그들을 결속시킨다. 그러나 또 한편으로 그것은 이미 화폐의 의미로 사용되는 것이기 때문에, 다시 다른 화폐를 소유하려면 그것을 주어서 그것이 다시 서비스나 상품으로 바뀌면서 생겨나는 이익을 얻어야 한다.

부를 완전히 파괴한다고 해도 여기서 얻어낼 수 있는 이익과 완전히 분리되는 것은 아니다. 이 위대한 행위도 이기주의에서 예외가 될 수는 없다. 거의 항상 과장되어, 완전히 파괴하는 일도 종종 있으며, 특히 포틀래치의 경우와 같이 오랫동안 모은 상당량의 재화를 단번에 주어버리거나 심지어는 파괴해 버리는 전적으로 사치스러운 소비형태는 유치하기 짝이 없는 낭비의 양상을 띠기도 한다.[30] 실제로 여기서는 유용한 물건들을 던져버리고 지나

29) 게르만에서 일반적으로 화폐를 가리킬 때 사용하는 Token과 Zeichen이 동일한 의미를 가진 것으로 간주하고 있는 것이 이러한 제도들의 흔적이다. 마치 사람의 서명(署名)이 책임을 담보하는 것인 바와 마찬가지로 화폐라는 표시, 화폐에 있는 표시, 그리고 화폐로 된 담보는 똑같은 것이다.

30) 포틀래치는 종종 위계 서열을 확립하기도 한다. 그렇다고 해서 이

치게 많은 음식물을 먹어치울 뿐만 아니라 단지 파괴하는 즐거움을 즐기기 위해서 파괴하기도 한다.

그렇지만 포틀래치 사회에서 이렇게 광적으로 증여하고 소비하며, 또는 미친 듯이 재화를 없애버리고 파괴한다고 해서 이것이 결코 이들이 무사무욕하다는 것을 말하는 것은 아니다. 추장과 가신, 가신과 그 추종자 사이에는 이러한 증여에 따라 위계 서열이 확립된다. 준다는 것은 자신의 우월성, 즉 자기가 더 위대하고 더 높으며 주인(magister)이라는 것을 표현하는 것이다. 답례하지 않거나 더 많이 답례하지 않으면서 받는 것은 종속되는 것이거나 손님 또는 하인이 되는 것이며, 작아지는 것이고, 더 낮은 지위(minister)로 떨어지는 것이다.

이제는 증여와 무사무욕이라는 개념과 대조시켰던 이익과 유용성의 개인적 추구라는 개념을 살펴보기로 하자. 그것도 역시 현대인의 정신 속에서 작용하는 것과 동일하지는 않다.

어떤 동일한 동기가 트로브리안드 섬의 추장, 아메리

러한 경우에 포틀래치가 전적으로 필요한 것은 아니다. 아프리카의 니그리티족이나 반투족은 포틀래치를 갖고 있지 않거나, 또는 그다지 발전시키지 못했고, 아니면 이미 상실했을 수도 있다. 그러나 그 사회는 가능한 모든 다양한 형태의 정치조직을 가지고 있다.

카 인디언의 추장, 안다만 섬의 추장 등을 자극하고, 과거의 관대한 힌두인과 게르만족, 그리고 켈트족 귀족의 증여와 지출을 부추겼다 하더라도, 그것은 상인이나 은행가 또는 자본가의 냉정한 동기와 동일한 것이 아니다. 이들 문명도 이익을 추구하지만 현대사회와는 방식이 다르다. 재산은, 지출하기 위해서, '의무를 부과하기' 위해서, '충복(忠僕)'을 얻기 위해서 모은다. 한편 교환을 하지만, 교환의 대상물은 사치품이나 장식품 또는 의복이거나 즉시 소비되는 물건이나 향연을 베풂으로서 이루어진다. 받은 것 이상으로 갚지만, 이것은 처음의 증여자나 교환자를 압도하기 위해서이지 단지 '지연된 소비'로 인해 자신이 입은 손실을 보충하기 위한 것만은 아니다. 그가 얻어내는 이익은 우리를 이끌어내는 것과 유사한 것에 불과하다.

오스트레일리아나 북아메리카(동부와 대평원 지대) 사회의 하위 집단들 안에서 각각의 씨족 생활을 지배하는 비교적 무정형적이며 비타산적인 경제 체계와, 셈족과 그리스인으로부터 시작된 이래 우리 사회가 적어도 부분적으로는 겪어온 전적으로 이윤을 추구하고 개인주의적인 경제 체계 사이에는 무수히 많은 경제 제도와 경제적인 사건이 배열되는데, 이러한 것들은 기존의 이론들이 기꺼이 받아들인 경제 합리주의로는 설명되지 않는다.

이윤(intérêt)이라는 말은 최근에 생겨난 것으로서, 그것은 부기 용어(簿記用語), 즉 장부에서 징수해야 할 임대료 맞은편에 기재한 라틴어의 interest에서 유래한다. 아주 향락 추구적인 고대 도덕에서조차도 행복과 쾌락을 추구했던 것이지 물질적인 효용성을 추구했던 것은 아니라는 것이다. 이득(profit)과 개인(individu)이라는 개념들이 널리 유포되고 원칙의 수준에까지 올라가기 위해서는 합리주의와 상업주의가 승리해야 했던 것이다.

서양 사회가 아주 최근에 인간을 '경제적인 동물'로 만들었다. 그러나 아직은 우리 모두가 이러한 종류의 존재가 된 것은 아니다. 민중 속에서나 엘리트 사이에서도 전적으로 비합리적인 지출은 관행처럼 시행되었다. 그것은 여전히 귀족계급들에게 남아 있는 풍습의 한 모습을 보여주는 것이다. 호모 에코노미쿠스(homo economicus)는 이미 지나간 것이 아니라 앞으로 다가올 것이다. 즉 도덕적인 인간, 의무를 다하는 인간이 지난 시기의 인간이었고, 과학적인 인간, 이성적인 인간이 앞으로 다가올 인간인 것이다. 이렇듯 인간은 매우 오랫동안 다른 존재였다. 인간이 계산기같이 복잡한 기계가 된 것은 그리 오래되지 않았다. 다행스럽게도 우리는 아직은 이 끊임없는 비정한 이해타산과는 상당한 거리를 두고 있다.

순수한 지출과는 다른 지출이나 교환 방식이 있다는 것은 좋은 것일 수 있다. 그러나 우리 입장에서 볼 때, 가장 훌륭한 경제적인 방법은 개인적인 욕구를 계산해서 산출하지 않는 것이다. 우리 자신의 부를 늘리고자 한다면, 비록 유능한 회계원이나 뛰어난 관리자가 되기는 해도 단순한 금융업자와는 다른 존재가 되어야만 한다. 개인의 목적만을 노골적으로 추구하면 전체의 목적과 평화, 전체의 노동과 즐거움의 리듬에 해를 끼치게 될 뿐만 아니라 개인에게도 해롭다.

자신을 위해서뿐만 아니라 다른 사람을 위해서도 성실하게 노동을 수행함으로써 평생 동안 정당하게 보답을 받게 된다는 점을 확신하는 것보다 일을 잘할 수 있게 하는 방법은 없다. 생산하는 교환자는 자신이 생산한 것과 노동한 시간보다 더 많은 것을 교환하고 있으며, 자신의 시간과 생명을 주고 있다고 다시 느낀다. 따라서 그는 이러한 증여에 대해서 적절하게 보상받기를 원한다. 그에게 이러한 것을 보상해 주지 않으면 그는 일을 게을리 할 것이며 이것은 생산성 저하로 나타나게 될 것이다.

3. 일반 사회학적 · 도덕적 결론

우리가 지금까지 연구한 사실들은 모두 일반적인 사회적 사실들에 대한 것이었다고 말할 수 있을 것이다. 말하자면 이들 사실은 어떤 경우에는 사회와 그 제도(포틀래치, 경쟁하는 부족, 서로 방문하는 부족 등) 전체에, 또 다른 경우에는 특히 그 교환과 계약이 다양한 제도를 통해서 개인과의 관계에 영향을 미치기도 한다는 점이다.

이러한 현상들은 모두 법률적, 경제적, 종교적인 것인 동시에 심미적이며 형태학적이다. 그것들은 개인의 권리, 집단의 권리, 조직화한 도덕, 도처에 퍼져 있는 도덕과 관계를 맺고 있다는 점에서 법률적이고, 또한 엄격하게 의무적이기도 하지만, 단순히 칭찬이나 비난만 받는 것일 수도 있다. 그것들은 사회 계급뿐만 아니라 씨족이나 가족과도 관계되기 때문에 정치적이면서도 동시에 가정적이기도 하다. 그것들은 진정한 종교, 주술, 애니미즘 및 널리 퍼져 있는 종교적인 사고방식과 관계되기 때문에 종교적이다. 그것들은 경제적이다. 가치, 효용, 이익, 사치, 부, 획득, 축적 등의 개념과 소비 개념, 심지어는 전적으로 사치스러운 순수한 지출의 개념까지도 도처에 존재하기 때문이다.

또 한편으로 이 제도들은 우리가 이 연구에서 의도적으로 고찰하지 않은 중요한 심미적인 측면도 가진다. 사실 교대로 행하는 춤, 다양한 종류의 노래와 어릿광대짓, 야영지마다 또는 파트너 간에 행해지는 극적인 연출, 만들어지고 사용되고 장식되고 연마되고 수집되며 사랑과 함께 양도되는 갖가지 종류의 물건, 기쁘게 받고 기꺼이 제공되는 모든 것, 모든 사람이 참가하는 향연, 모든 음식물 · 물건 · 봉사, 틀링깃족이 말하는 '존경'조차도 단지 도덕이나 이익 차원의 감정뿐만 아니라 심미적인 감정을 불러일으키는 것이 된다. 이것은 멜라네시아뿐만 아니라 특히 북서부 아메리카의 포틀래치에서도 해당되며, 더 나아가 인도유럽어족 세계의 시장 축제에까지 해당되는 것이다. 모든 일들이 집회, 상설 시장과 임시 시장, 또는 그곳에서 벌어지는 축제 속에서 일어난다. 이 모든 것은 콰키우틀족의 겨울 포틀래치처럼 사회적으로 사람들이 모이는 계절이나 여러 주에 걸쳐서 연속적으로 이어지는 멜라네시아의 해상 원정단을 전제로 하고 있다. 여기에는 부족 내부에서, 그리고 부족 간이나 종족 간에 맺어지는 협동 관계, 즉 거래(commercium)와 혼인(connubium)도 포함된다.

이것은 주제 이상의 것, 제도적인 요소 이상의 것, 복합적인 제도 이상의 것, 심지어는 종교나 법, 그리고 경제 등으로 나누어지는 제도적인 체계를 넘어서는 것으로서, 우리가 지금까지 설명하려고 노력했던 전체적인 사회 체계인 것이다. 우리는 전체를 고찰함으로써만 그 본질, 전체의 움직임, 살아 있는 부분, 사회와 사람들이 자신과 타인의 상황에 대해서 감정적으로 의식하는 순간을 인식할 수 있다.

이 연구의 장점은 두 가지 측면에서 볼 수 있다. 첫째는 일반성이다. 일반적으로 작동하고 있는 이 사실들은 다행히도 여러 가지 제도나 그 제도들의 다양한 주제보다 더 보편적인 것이기 때문이다. 다른 하나는 실재성이라는 장점을 들 수 있다. 이것으로 인해 사회적인 실상 자체를 구체적으로 볼 수 있기 때문이다.

우리가 지금까지 설명한 사회들은 현대 유럽 사회를 제외하면 모두 분절 사회들이다. 인도 유럽어족 사회, 《12동판법》이전의 로마 사회, 한참 뒤의 《에다》 편찬 때까지의 게르만 사회, 주요 문헌이 편찬될 때까지의 아일랜드 사회조차도 여전히 씨족이나 적어도 대가족을 기초로 하고 있던 사회였다. 이들 사회는 모두 불완전한 역사서에서 설명하고 있는 것과는 달리 현대사회적인 통합성과 통일성을 전혀 갖지 못한 사회였다.

다른 한편으로 이들 집단 안에서 개인은 우리보다는 덜 가혹하고, 덜 근엄하고, 덜 인색하고, 덜 이기적이었다. 적어도 외견상으로는 그들은 우리보다 더 관대했으며, 주는 것을 더 좋아했다. 부족 축제, 서로 경쟁하는 씨족, 동맹을 맺었거나 서로의 입문식에 참석하는 가족들 등과 같이 의례가 있을 경우에 사람들은 서로 방문했다. '환대'의 규칙이 좀 더 발전한 사회에서는 친선과 계약의 규칙이 신과 함께 '시장'과 부락의 '평화'를 보증하러 왔다. 이러한 때에도 많은 사회에서 사람들은 상당한 기간, 우리 눈에는 미친 짓처럼 보이는 지나치게 후하고 기묘한 정신 상태에서 서로 만났다.

우리 사회가 존재하기 바로 전에 있었으며 여전히 우리 주변에 있는 모든 사회에서, 그리고 현대인이 행하는 많은 대중적 도덕 관행에서도 중간은 존재하지 않는다. 완전히 믿거나, 아니면 완전히 의심하거나 둘 중에 하나다. 그들은 그렇게 할 수밖에 없었다. 두 집단이 만나는 경우, 그들은 서로 피하거나, 경계심을 나타내거나 도전하는 경우에는 싸우거나 아니면 거래를 잘할 수밖에 없다. 매우 비슷한 법규범을 가졌거나, 서로 유사한 경제 제도를 가졌다고 해도, 항상 이방인인 사람들과는, 비록 동맹 관계에 있다고 하더라도 '거래'가 행해진다.

트로브리안드 섬의 키리위나 사람들은 말리노프스키에게 다음과 같이 말하고 있다. "도부 섬 사람들은 우리처럼 착하지 않습니다. 그들은 잔인하고 인육도 먹습니다. 우리가 도부 섬에 도착할 때에는 그들을 경계합니다. 그들이 우리를 죽일지도 모르기 때문입니다. 하지만 내가 생강 뿌리를 씹어서 뱉으면 그들의 정신이 바뀝니다. 그들은 창을 버리고 우리를 환영합니다." 축제와 전쟁이라는 불안한 관계를 이보다 더 잘 표현할 수는 없을 것이다.

사회는, 사회 그 자체, 그 하위 집단, 그리고 그 속의 구성원이 주기, 받기, 답례하기를 행하면서 자신들의 관계를 안정시키는 법을 알았기 때문에 발전해 왔다. 교역을 개시하기 위해서 먼저 창을 내려놓아야만 했다. 그렇게 해서 사람들은 씨족뿐만 아니라 부족 간, 민족 간, 그리고 특히 개인 간 재화와 사람을 교환하는 데 성공했다. 그 이후에야 비로소 사람들은 상호 간의 이익을 창출하고 충족시켜 결국 무력에 의존하지 않고서도 그 이익을 지킬 수 있었다. 이렇게 씨족, 부족, 민족은 서로 살육하지 않으면서 서로 대립하는 방법과 서로 희생시키지 않으면서도 주는 법을 배웠던 것이다. 문명화되었다고 간주되는 현대 세계의 계급과 국가, 그리고 개인도 앞으로 이러한 점을 배우지 않으면 안 된다. 이것이야말로 그들의 지혜와 연대를 영속시키는 비밀 중의 하나이기 때문이다.

이상의 것 외에 존재할 수 있는 또 다른 형태의 도덕, 경제, 사회적 관행은 없다. 브르통 지역 사람들에게 전해 내려오는 〈아서 왕 전설〉은 아서 왕이 코르누아이에 사는 어느 목수의 도움을 받아 '원탁'이라는 경탄스러운 것을 궁전 안에 만들어서 기사들이 거기에 빙 둘러앉아 더 이상 싸우지 않게 되었다는 이야기를 전하고 있다. 더 이상 '높은 끝'이 없고, 그로 인해 싸움도 더 이상 일어나지 않았다. 아서 왕이 원탁을 가져가는 곳에선 어디서나 그의 훌륭한 원탁 기사단은 즐거워했고 무적이었다.

원탁의 기사들처럼 공동의 풍요로움을 위해서 둘러앉을 수만 있다면, 국민, 계급, 가족, 개인 등은 부유해지고 행복해질 수 있다. 무엇이 선이고 행복인가를 찾기 위해서 멀리까지 갈 필요가 없다. 그것은 주어진 평화 속에, 공동체와 개인이 서로를 보완해 갈 수 있는 리듬이 있는 노동 속에, 또한 교육으로 가르치는 상호 간의 존중과 호혜적인 너그러움 속에서 축적되고 재분배되는 부유함 속에 있는 것이다.

해설

모스의 《증여론》은 원래 〈사회학 연보〉(1923~1924)에 실렸던 논문이다. 이것은 다시 1950년에 클로드 레비-스트로스가 서문을 쓴 《Sociologie et anthropologie》(PUF)에 다른 7개 논문과 같이 실렸다. 이 편역본은 이 책 3판(1989)의 145쪽부터 179쪽 사이에 실린 것을 발췌, 번역한 것이다. 이 책은 우리나라에서 이미 2002년에 《증여론》(한길사, 이상률 역, 류정아 해제)으로 완역된 바 있다. 본 편역서는 기본적으로는 1989년 PUF에서 출판된 것을 기준으로 했으나, 2002년에 출판된 번역본은 모스의 원본을 정확하게 이해하는 데 상당히 많은 도움을 주었다. 발췌된 내용은 전체 원문의 30% 정도에 해당하며, 본문의 원문을 축약적으로 요약한 것이 아니라 중요한 문장들을 발췌해 완역하는 형식을 취했다. 문장과 문장의 연결이 자연스럽지 못한 경우 문장을 연결하기 위해서 약간의 윤문이 가해졌을 뿐 번역은 원문에 충실하고자 노력했다.

이 책은 인류학은 물론, 사회학이나 심리학, 커뮤니케이션학, 종교학, 정치학, 경제학에도 중요한 시사점을 줄 수 있는 내용을 포함하고 있어서, 일반 교양서적으로서의 가치뿐만 아니라 전문적 연구 지침서로서 중요한 위상을 차지하는 책이다. 이 편역서는, 이 책이 명성에 비해 처음부터 끝까지 읽기가 힘들 정도로 난해하다는 점을 고려하고, 이러한 문제를 해결하고 독자 모두가 《증여론》의 전체 내용을 가능한 한 빠르게 이해할 수 있도록 비교적 쉽게 정리하고자 했다. 훌륭한 고전이란 현대사회에서도 찬란한 빛을 발하는 책을 지칭하는 것이다. 이 《증여론》 편역본을 통해서 독자들이 고전의 가치를 다시 한 번 실감할 수 있기를 기대한다.

1989년도 판 서문에 제시된 레비-스트로스의 유명한 서문 또한 난해하기로 유명하지만, 그 어느 글보다도 모스의 학문적 기여점을 잘 정리해 놓았다. 일부분만 옮겨보자.

> "마르셀 모스의 가르침처럼 어려우면서도 동시에 심대한 영향을 미친 것도 없을 것이다. 그의 사고 체계는 대단히 농축되어 있어서 난해하게 보이지만 섬광과도 같은 분명한 자국을 남겼다. 그의 구불구불한 전개 과정은 길을 잘못 든 것처럼 보이지만, 바

로 이 순간에 전체 과정에서 전혀 기대하지 않았던 것이 문제의 핵심으로 인도하며, 인간을 알고 인간에 귀를 기울였던 자만이 그것이 가진 풍요로움을 충만하게 향유할 수 있으며, 모스에게 지고 있는 빚의 대차대조표를 만들 수 있게 된다… 모스가 단지 민족학에만 한정시켜서 영향을 미친 것이 아니라―어느 누구도 이점을 간과할 수는 없을 것이다―언어학자, 심리학자, 종교사가, 그리고 동양어학자 등에도 많은 영향을 미쳤다. 따라서, 사회과학이나 인문과학의 영역에 속해 있으면서 훌륭한 사람들로 평가받고 있는 프랑스 연구자들은 누구나 자신들이 수행하고 있는 연구 방향에 있어서 어떤 식으로든 그에게 빚을 지고 있다고 볼 수 있다."

문화를 이해하는 데 있어서 모스의 가장 큰 공헌은 사회적인 단위들을 총체적인 관계 속에서 이해하고자 한 점이다. 이러한 '총체적, 사회적 사실'이라는 개념은 《증여론》에서 동서고금의 다양한 사례들과 함께 자세히 설명되고 있다. 그의 논점과 자세한 주석의 자료들을 따라가다 보면 그의 학문적 저력과 깊이감에 놀랄 뿐만 아니라 그의 학문의 경지는 결코 넘어서지 못할 수준에 있다는 경외감에 압도당할 수밖에 없다. 특히 《증여론》의 전체 원문은 본문의 원고보다 주석의 내용이 더 많을 정도로 어느 항목 하나 소홀히 지나치지 않는다. 그가 제시한 주석은 본문의 내용을 보완할 뿐만 아니라 그와 견해가 다른 학자들의 견해까지 꼼꼼하게 제시하고 있어, 《증여론》을 쓰면서 그가 고민했던 부분들이 어떤 것들이었는지까지 독자가 알 수 있게 되어 있다. 본 편역서에서는 가능한 한 그 주석들의 묘미를 최대한 살리면서 쉽게 이해할 수 있도록 재편집했다.

《증여론》 원전은 사실 전체적으로 내용을 요약하면 간단한 주제임에도 불구하고, 그것을 설명하기 위해 제시한 구체적인 자료들이 난해해 자칫 모스가 본래 전달하고자 하는 철학적 기조가 잘 드러나지 않을 수도 있다. 따라서 이 편역서는 단지 '고전'으로만 머물러 있는 《증여론》의 본질적 가치를 보다 많은 사람들이 쉽게 이해할 수 있도록 중요한 부분들을 추려내고 이것을 다시 편집했다.

모스는 증여 및 교환의 체계는 자발적이며 의무적이라는 점을 지속적으로 강조한다. 그는 다양한 민족지적 사례들을 비교하고 있는데, 특히 멜라네시아, 폴리네시아, 북아메리카 지역에서 나타나는 교환과 증여의 형태들을 분석하고 있다. 그러나 그의 설명은 원시사회에만 한정되지 않는다. 로마인, 힌두인, 유럽인들에게서 행해지는 교환의 관습도 설명하고 있다. 이를 통해서 그는 주어야 할 의무, 받아야 할 의무, 되돌려 주어야 할 의무를 수행하는 것은 동서고금을 불문하고 사회를 유지시키고 사회구성원을 결속시키는 중요한 힘이 됨을 강조한다.

모스가 이 논문에서 지속적으로 강조하고 있는 두 개념은 '호혜성'과 '교환'이다. 상품 거래와 선물거래의 근본적인 차이점은 호혜성을 수반하느냐의 여부다. 선물 또는 증여는 주기와 받기, 그리고 답례라는 삼중의 의무를 뜻하는 것으로, 단순한 물건의 교환뿐만 아니라 명예와 관련된 것이다. 증여와 교환은 자발적으로 일어나는 것으로 치밀한 계산에 의한 것이기는 하지만 사리사욕을 위한 것은 아니면서 의무적인 것이며 때로는 강제적이기까지 하다. 더군다나 언제나 아낌없이 제공되어야 하는 것이다. 그렇지 않을 경우에는 인색한 사람이 되어서 명예가 끝없이 실추되는 것은 당연하고 때로는 죽을 수도 있는 것이기 때문이다.

'전체적인 급부 체계'라고 모스가 명명하고 있는 것 중에 대표적인 것인 포틀래치다. 포틀래치는 출생이나 혼인 등 대표적인 통과의례가 행해질 때라든가 명예를 되찾고자 할 때, 위계 서열을 재확립하고자 할 때 성대한 연회를 개최하고 많은 예물을 나누어주는 일종의 축제다. 그것을 받아들인 손님은 나중에 더 큰 포틀래치를 베풀어야 하는 의무를 지게 된다. 다음 추장이 더 큰 포틀래치를 베풀어 그것을 받아야 할 때 실추될지도 모를 위엄을 사전에 보호하고자 엄청난 재화를 미리 태워 없애버리기도 한다.

자본주의 사회에서는 자신이 모은 재화의 양으로 자신의 부를 과시하지만, 선물을 하는 사회에서는 자신이 타인에게 베푸는 재화의 양으로 부를 과시한다. 그렇다고 해서 미친 듯한 부의 파괴와 상실의 동기가 전혀 무사무욕하다고 볼 수는 없다. 준다는 것은 자신이 보다 우월하다는 것, 자신이 더 위대하고 더 높은 주인이라는 것을 강조하는 것이고, 그것을 받는다는 것은 주는 사람의 위상을 인정하는 것이기 때문이다.

교환되는 물건들은 단순한 물건이 아니라 주고받는 자의 영혼이 포함되어 있음을 강조함으로써 물건과 더불어 자신의 일부인 영혼의 교환이 일어남을 강조한다. 즉 선물을 받을 때는 그것의 정신적인 본질의 일부까지 받는 것으로 이해해야 한다는 것이다.

특히 모스는 트로브리안드에서 행해지는 쿨라를 거대한 포틀래치의 하나라고 본다. 쿨라의 기본적인 규칙은, 자신의 쿨라 파트너에게 실질적인 교환물과 함께 의례적인 의미를 가진 목걸이와 팔찌를 선물하는 것이다. 이러한 교환은 일생을 거쳐 원 형태를 이루면서 끊임없이 순환된다. 쿨라는 트로브리안드 제도 사람들의 삶 전체를 포괄하는 증여와 반대급부의 거대한 체계 중에서 가장 중요한 것이다.

모스는 현대사회에도 이러한 증여의 원칙이 적용되고 있으며, 당연히 그래야 한다는 점을 마지막으로 강조한다. 특히 사회보장제도는 일종의 집단적 도덕으로서 국가와 사회는 개인의 권리 의식을 보장해 주어야 한다는 점을 역설한다. 증여의 가장 중요한 핵심은 '후한 인심'이고, 주는 것이 이로운 것이며 이것은 현대사회에 다시 부활되어야 한다고 본다. 이것은 결국 '고귀한 지출'로 연결되어 부유한 사람들의 의무적이고 자발적인 지출을 강조한다. 이것이 도덕적인 사회생활의 기본 원리를 되찾게 하는 원동력이라고 보기 때문이다. 이를 위해서 개인은 지나치게 개인주의적이어서는 안 되고 사회 현실에 대한 날카로운 비판 의식을 끊임없이 견지해야 한다고 본다.

그는 아서 왕의 '원탁의 기사' 이야기를 예로 들면서 자리의 높고 낮음이 없이 모두 둥그렇게 둘러앉았을 때 매번 승리할 수 있다고 보고, 우리가 살고 있는 세상 속의 지배적인 경제 논리, 이윤의 추구, 효용의 극대화, 경쟁 및 이기주의가 당연한 것이 아니라 지극히 최근에 만들어진 논리이며 인간 본성에 어긋나는 것임을 강조한다.

모스는 인간이 궁극적으로 추구하는 선과 행복은 공공의 영역과 개인적 영역 속에서 실현되는 노동이 서로 조화와 평화를 이룰 때, 축적된 다음 적절히 분배되는 재화 속에, 그리고 교육으로 일깨우는 상호 간의 존중과 주고받는 후함과 너그러움 속에 있음을 《증여론》의 말미에 잔잔하게 언급하면서 글을 맺는다.

그가 전달하고자 하는 메시지는, 지금 우리가 살고 있는 현재 이 한국 사회에서도 되새기기에 충분하고도 넘치는 가치를 가질 것이다.

지은이에 대해

프랑스 사회학자이자 인류학자인 마르셀 모스는 1872년 유태인 가정에서 태어났다. 모스는 삼촌인 에밀 뒤르켕의 가르침을 직접 받았기 때문에 그의 사상 또한 상당 정도 물려받았다. 모스는 1893년 보르도 대학교에서 철학 학위를 받고 바로 파리에 정착해 이곳에서 프레이저(J. Frager)와 타일러(E. Tylor)의 책들을 읽고 인류학에 입문했다. 1901년 모스는 고등 연구원(École Pratique des Hautes Études)에서 민족학 방법을 강조하며 '원시 민족들의 종교역사'를 강의한다. 이를 통해서 주어진 자료들을 평가하고 분석해 이론화하는 민족학적 방법론을 정립하기에 이른다. 특히 모스는 여러 외국어에 능통했기 때문에 프랑스 인류학을 국제적으로 널리 알리는 데 중요한 역할을 하게 된다. 모스는 사회주의적 열정을 가졌을 뿐만 아니라 이국적인 사회에 대한 관심이 많았고, 예술적 감성도 풍부해서 언제나 새로운 사고에 개방적이었다.

1904년에는 〈위마니테(L'Humanité)〉지의 창간에 참여하고 편집을 담당했으며, 1920년부터는 〈민중(Le

Populaire)〉지에 정치적 기고문을 싣기도 했다. 1925년 민족학 연구소(Institut d'Ethnologie)를 설립하고, 1931년에는 콜레주 드 프랑스(Collège de France)의 사회학 분과장으로 선출되었다. 파리 대학교에 민족학 연구소를 설립해 인류학을 독자적인 학문으로 이끄는 데 큰 공헌을 했다. 그는 민족학적 방법을 엄밀하게 발전시키고, 표상과 실천, 관념과 행위 등의 개념을 구분하고 이를 구체적인 민족지학적 자료들과 연계해서 설명하고자 했다. 즉, 그는 프랑스 제1세대 현지 조사 인류학자 세대를 구성시켰던 것이다.

옮긴이에 대해

류정아는 서울대학교 인류학과와 동대학원을 졸업하고, 프랑스 고등 사회과학 연구원(EHESS)에서 〈프랑스 남부 프로방스 지방의 전통축제의 의미 변화 연구〉(《전통성의 현대적 발견》, 서울대출판부)로 '사회인류학 및 프랑스 민족학' 박사 학위를 취득했다.

역서로 《축제와 문명》, 《인류학과 민족학 사전 1~6권》이 있고, 공저로 《유럽의 축제문화》, 《축제문화의 제 현상》, 《축제로 이어지는 한국과 유럽》, 《축제와 문화적 본질》, 《시각이미지의 힘》, 《한국의 지역문화》, 《인류에게 박물관이 왜 필요했을까》 등이 있고, 저서로, 《축제인류학》, 《마르셀모스, 증여론》, 《축제와 융합콘텐츠 전략》, 《축제이론》, 《한국축제와 지역문화콘텐츠》, 《축제의 원칙》, 《기술환경 변화에 따른 문화예술 콘텐츠 구성 적응 전략》 등이 있다.

현재 한국문화관광연구원 초빙석좌연구위원, 국가유산진흥원 이사 등으로 활동하고 있다. 정책연구로는 문화예술정책과 관광정책의 융복합 연구, 지역문화 활성화 정책, 다문화 및 문화다양성 정책, 양성평등 문화정책, 도시 경쟁력, 박물관 및 미술관 건립 비전 연구 등과 관련한 연구를 수행하였으며. 최근에는 문화관광 ODA 분야에 관심을 기울이고 있다.

원서발췌 증여론

지은이 마르셀 모스
옮긴이 류정아
펴낸이 박영률

초판 1쇄 펴낸날 2011년 11월 11일
개정1판 1쇄 펴낸날 2025년 11월 20일

지식을만드는지식
출판등록 제313-2007-000166호(2007년 8월 17일)
02880 서울시 성북구 성북로 5-11
전화 (02) 7474 001, 팩스 (02) 736 5047
commbooks@commbooks.com
www.commbooks.com

ISBN 979-11-430-1508-2 03330

책값은 뒤표지에 있습니다.